ECOSISTEMA FINANCIERO TENET

APPS FINANCIERAS 2025

ECOSISTEMA FINANCIERO TENET
APPS FINANCIERAS 2025
©Tenet Consultores S.C.
tenet.com.mx

De esta edición:

TENET
INSIGHTS

Tenet Insights LLC, 2025
tenetinsights.com

Primera edición: mayo de 2025

TENET
—CONSULTORES—

ECOSISTEMA FINANCIERO TENET
APPS FINANCIERAS 2025

TENET
INSIGHTS

CONTENIDO

III: LISTADO DE *APPS* FINANCIERAS 63

«LA DIGITALIZACIÓN REDEFINE AL ECOSISTEMA FINANCIERO MEXICANO»

Víctor Andrés Trujillo Sierra
Socio, Tenet Consultores

Este estudio nace de una convicción profunda: que la tecnología, bien aplicada, tiene el poder de transformar vidas. *Ecosistema Financiero Tenet: Apps Financieras 2025* no es solo un análisis comparativo de aplicaciones móviles en México; es el resultado de más de doce años de trabajo, observación cercana y participación activa en la evolución del sistema financiero del país.

Durante más de una década, desde el terreno operativo hasta los espacios estratégicos, hemos sido testigos —y muchas veces parte— de una transformación silenciosa pero poderosa. Lo que antes implicaba filas interminables en sucursales, papeleo engorroso y un lenguaje inaccesible, hoy se resuelve en minutos desde la palma de la mano. Esta transición del modelo financiero tradicional a uno digital, más ágil, más accesible y más humano, representa una verdadera revolución —no solo tecnológica, sino social—.

Este informe es, en muchos sentidos, un punto de llegada y al mismo tiempo un punto de partida. Es la primera entrega de una serie de estudios que buscan documentar, con rigor técnico y sensibilidad humana, cómo la digitalización está redibujando los contornos del ecosistema financiero mexicano. Lo hacemos a través de un análisis integral de 37 aplicaciones móviles que ofrecen servicios de captación, crédito, ahorro y pago, provenientes tanto de bancos establecidos como de *fintechs* emergentes.

Pero, más allá de las métricas y los indicadores, este estudio busca capturar el pulso de una época. Vi-

vimos un momento en que la inclusión financiera ya no puede ser una promesa futura, sino una responsabilidad presente. Las aplicaciones móviles son hoy una puerta de entrada a productos financieros que, para millones de personas, antes eran inaccesibles. Son también una herramienta de empoderamiento económico, especialmente para sectores históricamente marginados, como mujeres, jóvenes, trabajadores informales y comunidades rurales.

Nuestra experiencia nos ha enseñado que no basta con hablar de transformación digital: hay que medirla, entenderla, traducirla en decisiones y políticas que respondan a las necesidades reales de las personas. Por eso, este documento no se limita a observar, sino que propone una forma de interpretar los avances, los rezagos y las oportunidades del sector desde una perspectiva centrada en el usuario.

Analizamos cuatro dimensiones clave: la disponibilidad de las aplicaciones en diferentes plataformas, la experiencia de *onboarding* como reflejo de su accesibilidad, su capacidad operativa y soporte que ofrecen a los usuarios. También incluimos un listado representativo de las *apps* financieras disponibles en el país, con sus características, fortalezas y calificaciones ponderadas.

Creemos que este trabajo puede ser útil para múltiples actores: autoridades regulatorias, instituciones financieras, desarrolladores, inversionistas, académicos y, por supuesto, para los propios usuarios, que cada vez tienen un rol más activo en la configuración del sistema financiero.

Con este estudio, en Tenet Consultores abrimos un camino de reflexión crítica e innovación aplicada. Queremos que sirva como testimonio de lo que se ha logrado, pero también como impulso para lo que aún está por hacerse. Porque si algo nos enseñan estos años de transformación es que el futuro del dinero no está en los ladrillos ni en las bóvedas, sino en el código, en la confianza digital y en el compromiso con una economía más justa y abierta para todos.

Agradecemos profundamente a todas las personas que participaron en la elaboración de este estudio: a quienes investigaron, analizaron, compararon y escribieron; a quienes compartieron su conocimiento del mercado financiero digital; y, sobre todo, a quienes creyeron en la importancia de construir una visión más clara y honesta del ecosistema financiero en México. Sin su dedicación, este esfuerzo no habría sido posible.

Extendemos también nuestro reconocimiento a las autoridades financieras y reguladoras que han sabido adaptarse con rapidez y visión a las nuevas tendencias del sector. Su apertura al diálogo, su impulso a la innovación regulatoria y su compromiso con la estabilidad y la inclusión han sido clave para que esta transformación digital florezca con responsabilidad y confianza. La modernización del sistema financiero mexicano no sería posible sin su voluntad de cambio.

RESUMEN EJECUTIVO

Tenet Consultores publica el primer tomo de una serie de análisis sobre el sistema financiero mexicano: *Apps financieras 2025,* que estudia las aplicaciones móviles que ofrecen servicios de captación y crédito en el país.

Esta revisión de 37 plataformas móviles proporcionadas por bancos y otras entidades financieras* nos muestra un amplio panorama de los esfuerzos que realiza el entorno mexicano por mejorar la inclusión financiera.

Esta recopilación presenta un estudio comparativo de las aplicaciones móviles en términos de disponibilidad, *onboarding*, capacidad operativa, así como privacidad y soporte. También muestra un listado de las *apps* con las principales características de cada una y su calificación ponderada entre las tiendas de aplicaciones en las que está disponible.

Este estudio presenta un análisis integral de las aplicaciones móviles financieras desde la perspectiva amplia del ecosistema financiero en México. Se examina el papel de diversas instituciones financieras como los bancos, las Sofipos, las Sofomes, las IFPEs, las Uniones de Crédito y las Socaps en la inclusión financiera y la creciente digitalización en el sector.

Estas instituciones cumplen roles cruciales en la captación de recursos y la provisión de crédito, contribuyendo significativamente al desarrollo económico del país. A pesar de los avances en inclusión financiera, como el aumento de cuentas bancarias y productos financieros, el uso de efectivo sigue siendo predominante, lo que señala desafíos persistentes en la transición hacia una economía digital.

La digitalización ha emergido como un pilar central en la evolución del ecosistema financiero. Las aplicaciones móviles están transformando el acceso a los servicios financieros, permitiendo a los usuarios realizar operaciones como apertura de cuentas, transferencias y pagos de manera sencilla y sin necesidad de acudir a sucursales físicas. Este cambio ha sido liderado por dos enfoques principales: la digitalización de la banca tradicional y la innovación de las *fintechs*. Estas últimas destacan por su modelo de costos reducidos y su capacidad de ofrecer procesos completamente digitales, posicionándolas como agentes clave para la inclusión financiera.

En el comparativo de 37 aplicaciones móviles financieras, se analizaron factores como disponibilidad, experiencia de usuario, seguridad y soporte. Se encontró que las *fintechs* sobresalen por permitir un *onboarding* completamente digital y por integrar tecnologías como biometría para autenticar a los usuarios. Por el contrario, algunos bancos tradicionales aún dependen de sucursales físicas para completar procesos clave, lo que limita su accesibilidad.

En términos de seguridad y privacidad, todas las aplicaciones analizadas implementan contraseñas como medida básica, pero no todas utilizan biometría, como huella digital o reconocimiento facial, para reforzar la protección. La mayoría de las aplicaciones también emplea métodos de autenticación de doble factor, aunque persisten vulnerabilidades asociadas al uso de SMS. Esto subraya la necesidad de adoptar métodos más robustos como notificaciones *push* autenticadas o claves dinámicas generadas dentro de las aplicaciones.

A pesar de los avances significativos, el informe identifica áreas de mejora. Persisten brechas en la experiencia de usuario y en la integración de funcionalidades innovadoras, como herramientas de ahorro automatizado. Mientras que las *fintechs* lideran en agilidad y accesibilidad, los bancos tradicionales enfrentan retos significativos derivados de infraestructuras heredadas y procesos menos flexibles.

El estudio comparativo muestra que las *apps* financieras son una herramienta esencial para impulsar la inclusión financiera y fomentar el desarrollo económico en México. Su crecimiento y adopción dependerán de la capacidad de las instituciones para incorporar tecnología avanzada, mejorar la seguridad y ofrecer experiencias de usuario consistentes y atractivas. El informe subraya la importancia de seguir evolucionando hacia un ecosistema financiero más digital, inclusivo y eficiente.

En el capítulo final del libro se incluye un listado de todas las aplicaciones analizadas con las imágenes e información que proporcionan públicamente en sus sitios web y en las *app stores* en las que están disponibles, como App Store (iOS), Google Play (Android) y App Gallery (Huawei). Esta enumeración en orden alfabético muestra a los lectores las opciones que existen actuualmente para conseguir productos de débito y crédito, asi como para controlar sus finanzas.

* Algunas de las entidades financieras que se mencionan en este estudio han sido o son clientes de Tenet Consultores, que ofrece servicios en materia financiera, tecnológica, operativa y regulatoria a entidades financieras en operaciones, proveedores de entidades financieras o empresas en vías de convertirse en alguna de estas entidades.

ECOSISTEMA FINANCIERO

1.1
Entidades financieras en México

En México existen varios tipos de entidades financieras, que proporcionan diferentes servicios a los usuarios. Básicamente, pueden dividirse en servicios de captación (depósitos) y servicios de crédito.

Aunque los bancos son las instituciones más conocidas por el público en general, existen diferentes entidades reguladas y no reguladas en el ecosistema financiero del país. Algunas de ellas ofrecen aplicaciones móviles para hacer operaciones financieras en lo que se conoce como banca digital. Enumeramos a continuación los tipos de entidades financieras que cuentan con *apps* móviles, que son el objeto de este estudio.

Ecosistema financiero

- Instituciones de Banca Múltiple (Bancos)
- Sociedades Financieras Populares (Sofipos)
- Sociedades Financieras de Objeto Múltiple (Sofomes)
- Instituciones de Fondos de Pago Electrónico (IFPE)
- Uniones de Crédito (UC)
- Sociedades Cooperativas de Ahorro y Préstamo (Socaps)

1.1 Instituciones de Banca Múltiple (Bancos)

Son entidades que se dedican principalmente a captar recursos del público a través de productos, tales como cuentas de cheques, cuentas de ahorro, depósitos a plazo fijo, entre otros, para posteriormente colocarlos en operaciones crediticias como préstamos comerciales, préstamos hipotecarios, préstamos personales y tarjetas de crédito, entre otros productos[1]. Los bancos tienen la capacidad de captar recursos del público, como cuentas de ahorro, depósitos a la vista y otros productos financieros. Los depósitos en bancos están protegidos por el Instituto para la Protección al Ahorro Bancario (IPAB), que garantiza hasta 400,000 UDIS.

---

[1] Comisión Nacional Bancaria y de Valores (CNBV). (s. f.). *La banca múltiple en el sistema bancario mexicano*. En gob.mx. Recuperado 4 de abril de 2025, de https://www.gob.mx/cms/uploads/attachment/file/70434/PDF_2__2_.pdf

1.2 Sociedades Financieras Populares (Sofipos)

Son sociedades con fines de lucro que tienen por objeto promover la captación de recursos, así como colocarlos mediante préstamos o créditos. Son entidades de microfinanzas, constituidas como Sociedades Anónimas, que fomentan el ahorro y crédito entre sus socios y público en general[2]. Los ahorros de sus clientes están protegidos hasta por 25,000 UDIS, aproximadamente 199,000 pesos mexicanos.

1.3 Sociedades Financieras de Objeto Múltiple (Sofomes)

Son sociedades anónimas que cuentan con un registro vigente ante la Comisión Nacional para la Protección y Defensa de los Usuarios de Servicios Financieros (Condusef), y cuyo objeto social principal es la realización habitual y profesional de una o más de las actividades de otorgamiento de crédito, arrendamiento financiero o factoraje financiero[3]. Las Sofomes no están autorizadas para captar recursos del público. Estas entidades se financian mediante capital propio o préstamos de otras instituciones financieras.

1.4 Instituciones de Fondos de Pago Electrónico (IFPE)

Son instituciones (personas morales) autorizadas por la CNBV para prestar servicios al público de manera habitual y profesional, consistentes en la emisión, administración, redención y transmisión de fondos de pago electrónico a través de aplicaciones informáticas, interfaces, páginas de Internet o cualquier otro medio de comunicación electrónica o digital. Es decir, las IFPE son todas aquellas instituciones que llevan a cabo servicios consistentes en la emisión, administración, rendición y transmisión de fondos de pago electrónico (*e-money*) a través de cualquier medio de comunicación electrónica o digital. Algunos ejemplos de las transacciones finan-

---

2 Comisión Nacional Bancaria y de Valores (CNBV). (s. f.-b). *Sector de ahorro y crédito popular*. gob.mx. Recuperado 4 de abril de 2025, de https://www.gob.mx/cnbv/acciones-y-programas/sector-de-ahorro-y-credito-popular-48143
3 Comisión Nacional Bancaria y de Valores (CNBV). (s. f.-c). *Sofomes*. Recuperado 4 de abril de 2025, de https://www.cnbv.gob.mx/SECTORES-SUPERVISADOS/OTROS-SUPERVISADOS/Descripci%C3%B3n-del-Sector/Paginas/SOFOMES-Reguladas.aspx

cieras electrónicas son los pagos de servicios, recargas de tiempo aire, transacciones bancarias, entre otras. Esto se realiza a través de canales como aplicaciones móviles o tarjetas de débito prepagadas[4].

1.5 Uniones de Crédito (UC)

Las Uniones de Crédito (UC) son intermediarios financieros no bancarios, que tienen como propósito principal facilitar a determinados sectores de la economía su acceso al crédito y a la inversión, actuando como un instrumento para disminuir los costos del financiamiento en beneficio de sus socios, que les permiten recibir préstamos y créditos en condiciones más favorables del mercado. Son empresas privadas que no cuentan con la participación o subsidio del gobierno federal o de las entidades de la administración pública. Su capital se integra con las aportaciones que hacen sus socios, los cuales pueden ser personas morales y personas físicas con actividad económica[5].

1.6 Sociedades Cooperativas de Ahorro y Préstamo (Socaps)

Son sociedades constituidas y organizadas que tienen por objeto realizar operaciones de ahorro y préstamo con sus socios, que forman parte del sistema financiero mexicano con el carácter de integrantes del Sector Popular, sin ánimo especulativo y reconociendo que no son intermediarios financieros con fines de lucro. Se encuentran organizadas conforme a la Ley General de Sociedades Cooperativas. Su objetivo principal consiste en contribuir a la inclusión financiera de la población de las comunidades en las que operan, a fin de hacerles llegar productos y servicios financieros de calidad que contribuyan a mejorar su situación económica, y coadyuvar con el gobierno federal para la difusión, entrega y administración de los programas de apoyos que este promueva[6].

---

4 Instituto Nacional de Transparencia, Acceso a la Información y Protección de Datos Personales (INAI). (2021). *Recomendaciones para el tratamiento de datos personales y cumplir con el deber de seguridad para las Instituciones de Tecnología Financiera (ITF)*. Recuperado 4 de abril de 2025, de https://home.inai.org.mx/wp-content/uploads/TratamientoDP_FINTECH.pdf
5 Comisión Nacional Bancaria y de Valores (CNBV). (s. f.-c). *Sector Uniones de crédito*. gob.mx. Recuperado 4 de abril de 2025, de https://www.gob.mx/cnbv/acciones-y-programas/sector-uniones-de-credito#:~:text=Las%20Uniones%20de%20Cr%C3%A9dito%20(UC,sus%20socios%2C%20que%20les%20permiten
6 Comisión Nacional Bancaria y de Valores (CNBV). (s. f.-d). Sociedades Cooperativas de Ahorro y Préstamo (SOCAP). gob.mx. Recuperado 4 de abril de 2025, de https://www.gob.mx/cnbv/acciones-y-programas/sociedades-cooperativas-de-ahorro-y-prestamo-socap

Institución	Crédito	Captación
Instituciones de Banca Múltiple (Bancos)	Sí	Sí
Sociedades Financieras Populares (Sofipos)	Sí	Sí
Sociedades Financieras de Objeto Múltiple (Sofomes)	Sí	No
Instituciones de Fondos de Pago Electrónico (IFPE)	No	Sí
Uniones de Crédito (UC)	Sí*	Sí*
Sociedades Cooperativas de Ahorro y Préstamo (Socaps)	Sí*	Sí*

Fuente: Elaboración propia.
*Las Uniones de Crédito y las Socaps no pueden otorgar crédito o financiamiento al público en general, solamente a sus socios.

I.2
Inclusión financiera

La inclusión financiera busca garantizar que todas las personas, especialmente aquellas en situaciones vulnerables o marginadas, tengan acceso a productos y servicios financieros asequibles y adaptados a sus necesidades, como cuentas bancarias, créditos, seguros y herramientas de ahorro. Es un componente crucial para reducir la desigualdad económica, fomentar el desarrollo sostenible y mejorar la calidad de vida.

La inclusión financiera es un componente crucial para reducir la desigualdad económica, fomentar el desarrollo sostenible y mejorar la calidad de vida.

Las razones de la exclusión financiera son diversas, por ejemplo, la falta de recursos económicos, una baja alfabetización financiera, barreras geográficas, costos elevados o carencia de documentación oficial.

La exclusión financiera tiene un impacto perjudicial en las personas al restringir su habilidad para gestionar y planificar sus recursos económicos, acceder a financiamientos para inversiones esenciales, como educación o vivienda, y protegerse frente a imprevistos financieros. Asimismo, refuerza la desigualdad económica y social, ya que limita las posibilidades de las personas de mejorar su bienestar económico y de integrarse plenamente en la economía formal.

2.1 Instrumentos financieros

En 2024, el 80% de la población en México contaba con al menos un producto financiero, como una cuenta de ahorro, crédito, seguro o afore, según la Encuesta Nacional de Inclusión Financiera (ENIF) 2024[7]. Los datos del

7 Comisión Nacional Bancaria de Valores (CNBV) & Instituto Nacional de Geografía y Estadística (INEGI). (2025). *Encuesta Nacional de Inclusión Financiera (ENIF) 2024*. https://www.cnbv.gob.mx/Inclusión/Anexos%20Inclusin%20Financiera/Reporte_ENIF2024.pdf

estudio revelaron que el 72.8% de las mujeres y el 80.9% de los hombres tenían acceso a algún instrumento financiero.

Estos resultados muestran un área de oportunidad en el mercado de productos financieros enfocados en el sector femenino. Según estimaciones del Banco Interamericano de Desarrollo (BID), mencionadas en el reporte *Expandiendo la Inclusión Financiera de las Mujeres en México del Banco Mundial*[8], existe un mercado potencial de 1,870 millones de dólares en México, si se diseñan productos alineados a sus necesidades.

2.2 Uso de efectivo

En México, el efectivo sigue siendo el medio de pago predominante, de acuerdo con cifras de la ENIF 2024[9]. El 85% de las personas reportaron usarlo con mayor frecuencia para transacciones de 500 pesos o menos, y el 73% para transacciones superiores a los 500 pesos. El resto de las personas utilizan tarjetas físicas o transferencias y aplicaciones de celular.

**Medio de pago
(500 pesos o menos)**
(Porcentaje)

- Efectivo
- Tarjeta física
- Transferencia y aplicación celular

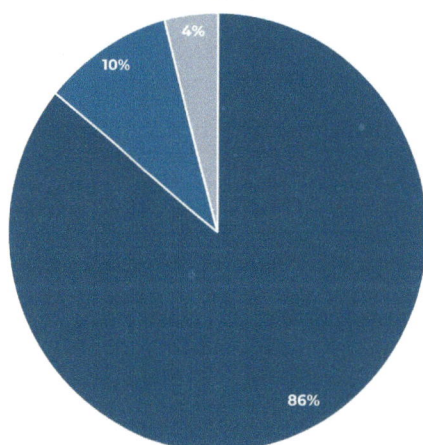

**Medio de pago
(Más de 500 pesos)**
(Porcentaje)

- Efectivo
- Tarjeta física
- Transferencia y aplicación celular

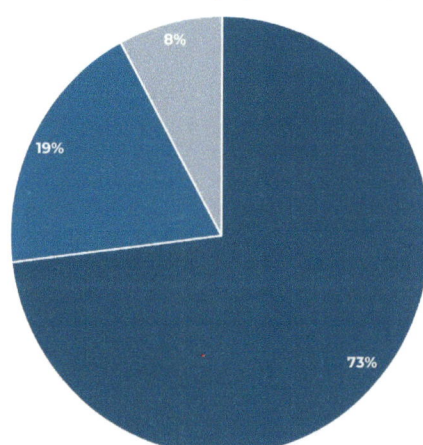

Fuente: Elaboración propia con base en las cifras de la ENIF 2024.

8 Banco Mundial, CGAP, & IFC. (2024). *Expandiendo la inclusión financiera de las mujeres en México: Lineamientos para la adopción de una perspectiva de género en las instituciones del sector financiero*. Recuperado 3 de abril de 2025, de https://documents1.worldbank.org/curated/en/099101024093083111/pdf/P502307-01333a72-7007-427a-b5ab-91800f233f69.pdf
9 Comisión Nacional Bancaria de Valores (CNBV) & Instituto Nacional de Geografía y Estadística (INEGI). (2025). *Encuesta Nacional de Inclusión Financiera (ENIF) 2024.*

En promedio, solamente el 37% de las personas reportó haber realizado una transferencia o envío de dinero a través de Internet o una aplicación de celular, según datos de la ENIF 2024[10]. Esta cifra también nos muestra una oportunidad de crecimiento para el sector de las aplicaciones financieras móviles.

2.3 Cuentas de captación

En términos del fomento a la inclusión financiera, contar con una cuenta o producto de captación es el primer paso, ya que permite a los usuarios tener acceso a sus recursos y realizar operaciones de compra y pago, entre otras. El porcentaje de personas con una cuenta de captación ascendió a 63% en 2024 desde 49% 2021, de acuerdo con la ENIF 2024[11], un incremento de 14 puntos porcentuales. Este crecimiento se vio impulsado principalmente por la apertura de cuentas para la dispersión de recursos de programas sociales del gobierno mexicano.

Entre los diferentes productos de captación, el más extendido es la cuenta de nómina, ya que 32% de las personas manifestaron tener un producto de este tipo, seguido de las cuentas de ahorro y cheques, con 25%. Las cuentas para recibir apoyos del gobierno representan el 12% de ese universo. Las cuentas contratadas por Internet ascienden al 10%, un importante aumento desde el 3% registrado en 2021. Como se observa, existe un potencial de mayor crecimiento en este tipo de cuentas a futuro.

Producto de captación
(Porcentaje)

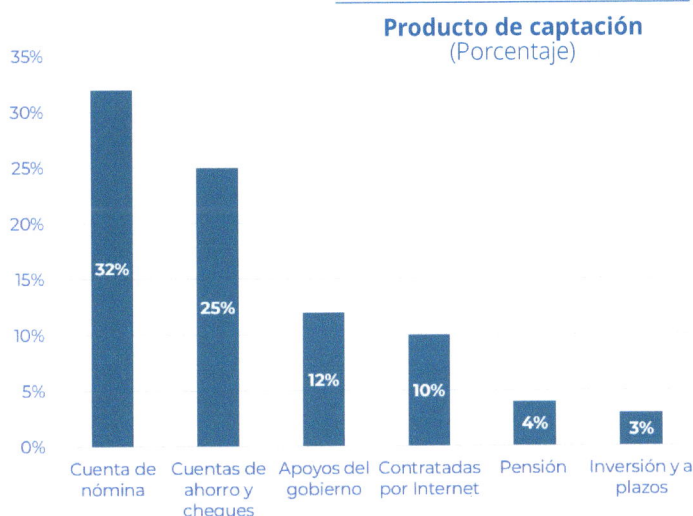

Cuenta de nómina	32%
Cuentas de ahorro y cheques	25%
Apoyos del gobierno	12%
Contratadas por Internet	10%
Pensión	4%
Inversión y a plazos	3%

Fuente: Elaboración propia con base en las cifras de la ENIF 2024.

10 Comisión Nacional Bancaria de Valores (CNBV) & Instituto Nacional de Geografía y Estadística (INEGI). (2025). *Encuesta Nacional de Inclusión Financiera (ENIF)* 2024.
11 Comisión Nacional Bancaria de Valores (CNBV) & Instituto Nacional de Geografía y Estadística (INEGI). (2025). *Encuesta Nacional de Inclusión Financiera (ENIF)* 2024.

2.4 Crédito formal

Dentro de las opciones de financiamiento a las que tienen acceso los mexicanos, se analizan los productos de financiamiento formal que se ofrecen dentro del ecosistema financiero. El producto que más prevalece entre los usuarios del país es la tarjeta departamental, seguida de la tarjeta de crédito proporcionada por una institución financiera, según muestran cifras de la ENIF 2024. En 2021, 11% de la población contaba con una tarjeta de crédito, mientras que esa cifra se elevó a 16% en 2024.

Los créditos obtenidos por Internet representaron el 1% del universo de las opciones de financiamiento formal en 2024, según cifras de la misma encuesta, lo cual muestra una importante oportunidad de crecimiento en este sector, al facilitar la obtención de estos productos de una manera más inmediata.

1.3
Banca digital

En México, el sistema financiero en general ha realizado múltiples esfuerzos por ampliar la inclusión financiera, aunque aún existe un rezago importante en la adopción de la banca digital.

Aumentar el acceso a pagos digitales mediante *apps* y una banca con más tecnología podría reducir costos e ineficiencias, mejorar el registro de actividades comerciales, incrementar el ahorro, reducir operaciones ilícitas y crear historiales crediticios para los usuarios.

En este contexto, las aplicaciones móviles están transformando la forma en que el país enfrenta la exclusión financiera, al proporcionar un medio de acceso a los servicios financieros desde los teléfonos celulares, con aplicaciones que permiten abrir y gestionar productos financieros, en ocasiones sin tener que acudir a una sucursal o corresponsal bancario.

Estas aplicaciones móviles ofrecen una amplia variedad de servicios:

Las aplicaciones móviles están transformando la forma en que el país enfrenta la exclusión financiera.

- **Apertura de cuentas de captación**
- **Transferencias de dinero**
- **Ahorro mediante apartados**
- **Acceso a inversiones**
- **Tarjetas de crédito**
- **Pago de servicios**
- **Consulta de saldos**
- **Descarga de estados de cuenta**

La oferta de servicios financieros mediante aplicaciones móviles se da principalmente en dos vías: la banca tradicional adaptada al entorno digital y las aplicaciones nativas del modelo digital, basadas en la tecnología financiera (*fintech*) y en el *low-cost banking*.

3.1 Banca tradicional digital

La banca tradicional históricamente ha estado basada en la operación mediante sucursales y cajeros automáticos en ubicaciones físicas. La forma habitual de interactuar con los bancos era acudir directamente a la sucursal y, posteriormente, con el advenimiento del Internet, mediante la banca en línea en portales alojados en los sitios web de las instituciones.

Junto con la adopción generalizada de los teléfonos celulares inteligentes, se produjo una revolución en la banca digital, pero ahora dirigida hacia las aplicaciones móviles. Esta banca digital ligada a la banca tradicional ofrece a sus usuarios la facilidad de realizar operaciones desde su teléfono, como consultar saldos, realizar pagos y transferencias o tramitar la obtención de créditos.

En muchos casos, estas operaciones conllevan una aprobación para la instalación de las *apps* móviles o la obtención final de los servicios, la cual debe realizarse de manera directa en las sucursales bancarias. Esto, en ocasiones, limita el uso o la adopción inicial por parte de nuevos usuarios, ya que se requiere abrir una cuenta directamente de forma presencial. No obstante, estas aplicaciones han contribuido a facilitar en gran medida las transacciones y el manejo de las finanzas de los usuarios de la banca tradicional.

3.2 Aplicaciones financieras

Existen aplicaciones financieras, nacidas directamente desde el mundo digital, que no están relacionadas con una institución bancaria tradicional. El ecosistema financiero se vio revolucionado por la pandemia de COVID-19, que inició en 2020, y por el surgimiento de empresas que utilizan la tecnología para incursionar en el mundo de los servicios financieros, conocidas como *fintech*.

Las *apps* financieras originadas en este entorno se diferencian de las aplicaciones bancarias en que están desligadas por completo del concepto de acudir a una sucursal física para la realización de trámites, ya que las empresas que las respaldan, en muchos casos, no cuentan con ubicaciones físicas en absoluto.

Otro factor a destacar es que las *apps* financieras nativas de la era digital provienen de participantes del entorno financiero que están enfocados en el ahorro de costos, tanto para el usuario como para la compañía en sí, lo que se conoce como *low-cost banking*.

3.3 Elementos diferenciadores

En un sistema en el que decenas de aplicaciones financieras han surgido y entrado en el mercado en menos de un lustro, un factor crucial en términos de competencia es la diferenciación.

En la más reciente edición del estudio *Digital Banking Maturity 2024* de la consultora Deloitte[12], se resalta que las instituciones financieras están enfocando sus esfuerzos en generar un valor excepcional para los clientes, ofreciéndoles una gama completa de operaciones bancarias clave y satisfaciendo todas las necesidades financieras, al tiempo que proporcionan una experiencia de usuario perfecta. En cuanto a ese factor, también conocido como UX, el diseño intuitivo y las interacciones fluidas son prioritarias para garantizar la satisfacción del cliente.

Las *apps* financieras, ya sean provenientes del sistema bancario tradicional o directamente del entorno digital, tienen elementos diferenciadores para destacarse entre la competencia y obtener más clientes.

Disponibilidad
Se refiere a la posibilidad de descargarlas desde las tiendas de aplicaciones de sistemas operativos móviles como iOS de Apple, Android de Google o HarmonyOS de Huawei.

Variedad de servicios
Son los servicios que ofrecen a los clientes, como apertura de cuentas, transferencias, ahorro, inversiones, acceso a crédito, pago de servicios, consulta de saldos y descarga de estados de cuenta.

---

12 Deloitte. (2024, 20 noviembre). *Digital Banking Maturity 2024*. https://www.deloitte.com/ce/en/industries/financial-services/research/digital-banking-maturity-2024.html

Experiencia del usuario (UX)

Se refiere a la experiencia del usuario al recorrer los pasos necesarios para tener operatividad completa en la *app*, comenzando con la apertura de la cuenta y el alta de la aplicación hasta realizar todas las operaciones que permita el sistema.

Low-cost

Es la práctica de optimización de costos tanto para los usuarios de la aplicación como para la entidad financiera. Aunque la mejora de la experiencia del cliente es crucial, la eficiencia de las operaciones y la reducción de costos son necesarias para un crecimiento sostenible. Las empresas buscan que la aplicación sea gratuita y sencilla de descargar. Su objetivo es que no ocupe mucha memoria en el dispositivo y que tampoco requiera el uso de una alta cantidad de datos para operar en Internet. Por otro lado, también se busca el uso de tecnologías y, en ocasiones, de inteligencia artificial para optimizar los costos operativos de la aplicación.

II
COMPARATIVO DE *APPS* FINANCIERAS

II.1
Disponibilidad

Dentro del ecosistema de las aplicaciones financieras digitales, se realizó un estudio comparativo, atendiendo a cuatro factores principales: su disponibilidad en las tiendas de aplicaciones, la experiencia de *onboarding* que permiten, su capacidad operativa, así como la privacidad, seguridad y soporte que ofrecen.

El comparativo es presentado en esta sección tras el análisis de 37 aplicaciones financieras a través de encuestas realizadas a usuarios de las mismas, evaluando distintas variables de funcionalidad. También se consultó la información proporcionada por las entidades financieras en su sitio web, así como en su página de descarga en las distintas tiendas de aplicaciones.

37 aplicaciones móviles fueron evaluadas a través del análisis de encuestas realizadas a usuarios y consultando información proporcionada por las entidades financieras.

1.1 Disponibilidad en tiendas de aplicaciones

Actualmente, existen tres grandes tiendas digitales para la descarga de las distintas aplicaciones financieras que son de uso público generalizado; estas son App Store (iOS), Play Store (Android) y App Gallery (Huawei).

La disponibilidad de las aplicaciones en las tiendas digitales muestra un patrón notorio: App Gallery (Huawei) está rezagada en cuanto a la cantidad de *apps* que las entidades financieras deciden poner a disposición del público a través de esta tienda digital. Tanto en la App Store (iOS) como en la Play Store (Android) se encuentran disponibles todas las aplicaciones que fueron consideradas para este estudio; esto sugiere que el mercado aún tiene cierta desconfianza por los productos que únicamente cuentan con la App Gallery de Huawei. Por este motivo no se pueden obtener ciertas aplicaciones por medio de esta *store*. Es importante hacer mención que diversas aplicaciones han atacado este problema permitiendo que los usuarios puedan realizar la descarga de sus *apps* por medio de APK (siglas de Android Application Package). Se trata de un archivo ejecutable que contiene todos los datos que se necesitan para instalar y hacer funcionar una aplicación Android. Esto soluciona en parte la falta de disponibilidad dentro de la tienda de Huawei, pero cabe recalcar que, para poder hacer la descarga de este formato de aplicaciones, el usuario deberá otorgar un permiso en la configuración de su dispositivo para realizar descargas e instalación de paquetes que no provienen de la *app store* del dispositivo.

Los sistemas operativos iOS y Android cuentan con una gran adopción dentro del mercado mexicano, lo cual les permite tener las tiendas de aplicaciones mejor posicionadas dentro del mercado.

Disponibilidad en tiendas digitales
(Cantidad de *apps*)

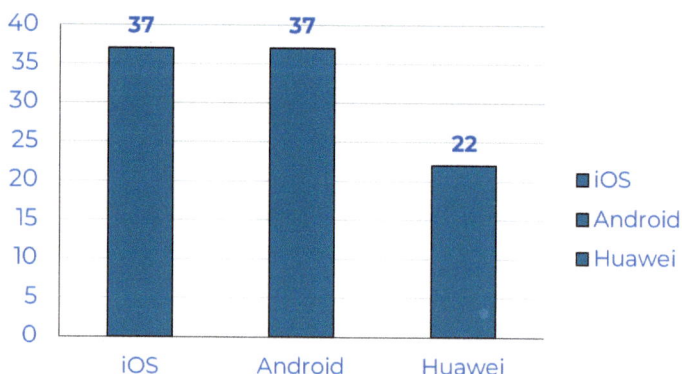

1.2 Requerimientos del dispositivo

Las aplicaciones, a pesar de ser de la misma índole financiera, reflejan una distinción entre los requerimientos de los dispositivos que exigen para su uso, siendo la principal diferencia la versión del sistema operativo en que funcionan. En el siguiente gráfico podemos observar que la mayoría de las aplicaciones han optado por mantener un requerimiento mínimo de 3 versiones del sistema operativo anteriores al último liberado (iOS 16 y Android 10).

Compatibilidad
(Cantidad de *apps*)

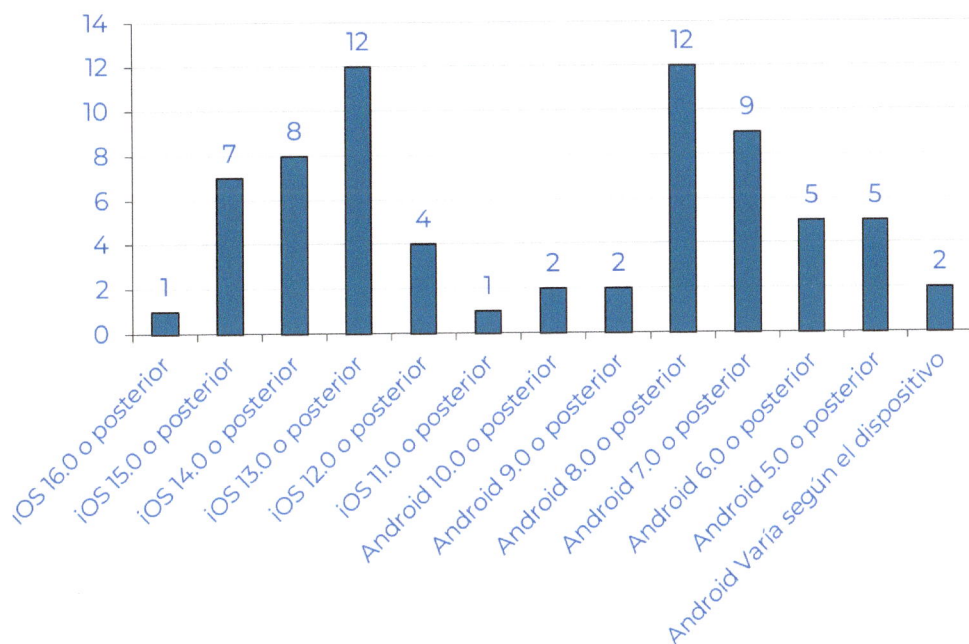

La mayoría de las aplicaciones han optado por mantener su funcionamiento dentro de las últimas 3 versiones del sistema operativo, lo cual les brinda la posibilidad de estar en constante actualización sin afectar a sus clientes, ya que en el mercado mexicano aún se mantiene el uso de hasta 6 versiones anteriores al actual, en los diferentes sistemas operativos.

1.3 Actualizaciones

En las distintas aplicaciones se ha podido observar una constante evolución; podemos visualizar sus diversas actualizaciones en las diferentes *app stores*. Se observaron casos en los que, en tan solo un mes, se registraron más de 3 actualizaciones a una sola aplicación. Estas actualizaciones pueden servir para distintos fines, tales como mejorar procesos dentro de la *app*, realizar parches de seguridad e incluso integrar nuevas funcionalidades. En este estudio se tomaron en cuenta 37 aplicaciones, de las cuales el promedio de actualizaciones que se registró en el periodo de los últimos 6 meses fue de 8 actualizaciones, reflejando algunas aplicaciones que solo tuvieron una actualización y otras que llegaron a tener 19 o 25 actualizaciones.

Cantidad de actualizaciones por *app*

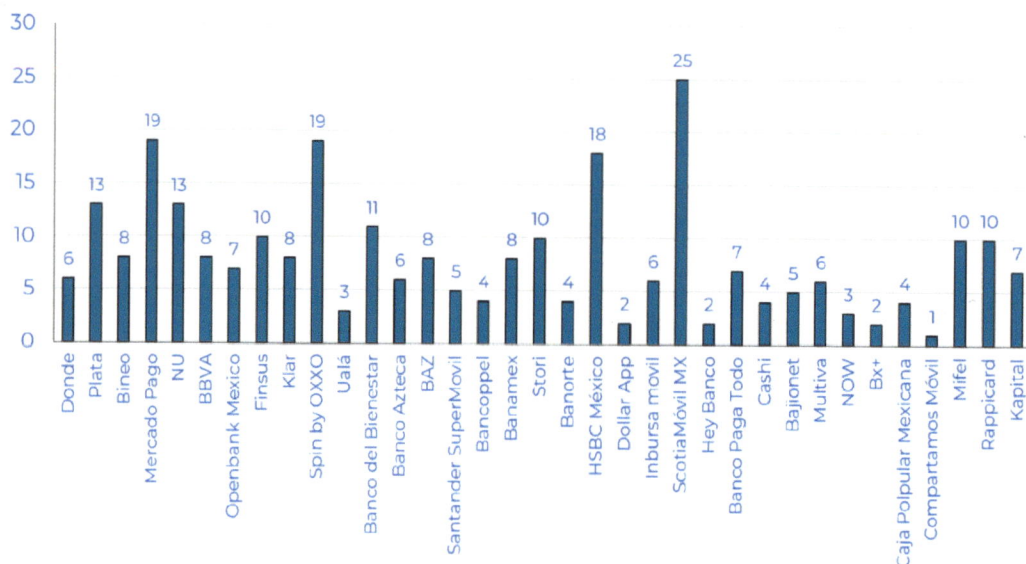

- Las actualizaciones de *software* suelen incluir parches de seguridad. Los desarrolladores trabajan para identificar vulnerabilidades y debilidades en los sistemas y, cuando encuentran alguna, crean un parche o reparación para corregirlas.
- A menudo, al actualizar el *software* se incluyen nuevas características y mejoras de rendimiento.
- Cuando se lanza una nueva versión de un *software*, es posible que los desarrolladores hagan cambios que afecten a la forma de interactuar con otras herramientas.

1.4 Calificación ponderada

La calificación ponderada de las aplicaciones de finanzas considera las valoraciones de App Store (iOS), Google Play (Android) y App Gallery (Huawei), tomando en cuenta las puntuaciones promedio de cada plataforma y el número de reseñas en cada aplicación. Para que, de esta manera, la calificación considere el peso de las valoraciones. La calificación ponderada se calcula como un promedio ponderado por el número de reseñas, de la siguiente manera:

$$\text{Calificación ponderada} = \frac{(R_{iOS} * C_{iOS}) + (R_{Android} * C_{Android}) + (R_{Huawei} * C_{Huavwei})}{(R_{iOS} + R_{Android} + R_{Huawei})}$$

En donde:
R: Número de reseñas de la aplicación
C: Calificación reportada en la tienda de aplicaciones

De esta manera, se obtiene una calificación representativa de cada aplicación considerando las valoraciones de usuarios de App Store, Google Play y App Gallery. El promedio ponderado por reseñas es una forma efectiva de combinar calificaciones de múltiples tiendas, dando mayor peso a las plataformas con más usuarios, lo que asegura que las *apps* con más usuarios no sean subrepresentadas en la calificación final.

Ponderación entre aplicaciones

En México, Google Play suele tener más peso que App Store o App Gallery, lo que conlleva que la calificación esté cargada hacia la aplicación de la tienda de Google. Por ejemplo, Mercado Pago tiene 9.7 millones de reseñas en Android, por lo que su calificación ponderada (4.80), lo cual es cercano a su puntuación en Google Play (4.8). Asimismo, BBVA tiene un peso importante en Android, con 4.5 millones de reseñas, lo que acerca su calificación ponderada a 4.77. Otro caso lo encontramos en Banco del Bienestar, que mantiene una calificación baja en iOS (2.3) pero alta en Android (4.0), lo que eleva su promedio a (3.93).

Discrepancias entre plataformas

Algunas aplicaciones muestran notables diferencias en las calificaciones entre iOS y Android, lo cual podría atribuirse a problemas en la experiencia de usuario en cada plataforma o a una mayor atención por parte de las instituciones hacia una de ellas. Ejemplos de estas disparidades se observan en aplicaciones como Banco del Bienestar, Hey Banco y Openbank.

Por ejemplo, Banco del Bienestar presenta una diferencia de 1.7 puntos entre iOS y Android, mientras que Hey Banco muestra una discrepancia de 0.8 puntos. En el caso de Openbank, la calificación es de 3.6 en iOS y de 2.2 en Android, lo que representa una discrepancia de 1.4 puntos. Estas diferencias podrían estar relacionadas con problemas de optimización para iPhone, falta de soporte, funcionalidades limitadas o errores en alguna de las versiones.

Estos hallazgos sugieren importantes áreas de atención para las instituciones financieras. Las marcadas diferencias entre plataformas indican la necesidad de equipos de desarrollo especializados para cada sistema operativo. Además, el dominio de Google Play en cantidad de reseñas resalta la importancia de priorizar la experiencia Android en el mercado mexicano, sin descuidar por completo la versión iOS.

Las *apps* mejor calificadas demuestran que es posible mantener estándares altos de calidad en todas las plataformas, estableciendo un *benchmark* claro para el sector. Ejemplos como Mercado Pago (4.80 estrellas), Stori (4.80 estrellas) y Afirme Móvil (4.79 estrellas) destacan por su consistencia técnica y experiencia de usuario uniforme, incluso con millones de reseñas en múltiples plataformas. Estas aplicaciones no solo logran excelencia en iOS y Android, sino que también manejan volúmenes masivos de interacciones sin sacrificar rendimiento, convirtiéndose en referentes obligados para cualquier institución que busque optimizar su servicio digital.

Entre los extremos de excelencia y bajo desempeño, se ubican aplicaciones con calificaciones medianas que, aunque no alcanzan la calidad de los *benchmarks*, muestran áreas de oportunidad claras. Bancos tradicionales como Banamex (4.62) y BBVA (4.77) presentan calificaciones respetables gracias a su amplia base de usuarios, pero arrastran ligeras diferencias entre plataformas que les impiden igualar a los líderes del sector. Otras como Santander SuperMóvil (4.47) y Nu (4.30) mantienen un equilibrio aceptable, aunque su desempeño en iOS suele ser inferior al de Android, lo que sugiere necesidad de ajustes específicos. Estas aplicaciones representan el grueso del mercado financiero mexicano: funcionales, pero con margen para incorporar las mejores prácticas de los *benchmarks* y evitar caer en los problemas de las *apps* peor calificadas.

Finalmente, *apps* como Multiva (1.78 estrellas) y Openbank México (2.48) ejemplifican los riesgos de descuidar ciertas plataformas o subestimar la calidad. Con malas calificaciones en Android y reseñas mayoritariamente negativas, estas aplicaciones quedan fuera de cualquier estándar competitivo, mostrando cómo la inconsistencia técnica y la mala experiencia del usuario pueden erosionar la confianza de los clientes. Su bajo desempeño refuerza la necesidad de priorizar un desarrollo robusto y multiplataforma, tal como lo hacen las aplicaciones de referencia del sector.

II.2
Onboarding

2.1 Dependencia de la sucursal

El *onboarding* digital, es decir, el proceso de registro y apertura de cuenta completamente en línea, se ha convertido en un factor decisivo en la experiencia del usuario dentro del sector financiero. Con el crecimiento acelerado de la bancarización digital y la adopción de nuevas tecnologías, la capacidad de abrir una cuenta sin necesidad de acudir a una sucursal física representa una ventaja competitiva significativa.

76.7% de las *apps* analizadas permiten el *onboarding* digital, un factor decisivo en la experiencia del usuario en el sector financiero moderno.

Sin embargo, no todas las instituciones financieras en México han adoptado plenamente esta funcionalidad. Mientras que algunas entidades financieras catalogadas como *fintechs* permiten a cualquier usuario registrarse y operar de inmediato, varios bancos tradicionales aún restringen el *onboarding* digital solo a clientes preexistentes, es decir, aquellos que ya cuentan con una cuenta física y solo activan su acceso en línea.

El estudio realizado de 37 aplicaciones financieras revela que el 76.7% de ellas permiten *onboarding* digital completo, lo que significa que los nuevos usuarios pueden registrarse y abrir una cuenta sin necesidad de ser clientes previos. En contraste, el 23.3% no ofrecen *onboarding* digital, limitando el acceso solo a clientes ya existentes. Las instituciones que no permiten onboarding 100% digital incluyen a B×+ Móvil, Banco del Bienestar, BanCoppel, BBVA, HSBC, Multiva y Santander SuperMóvil.

Es notable que bancos tradicionales como BBVA, HSBC y Santander, a pesar de ser reconocidos por su presencia digital, no permiten que nuevos clientes abran cuentas desde sus aplicaciones móviles. En su lugar, requieren que los usuarios ya tengan una cuenta abierta previamente, ya sea presencialmente o por otros medios, para poder acceder a los servicios en línea.

Esta restricción podría deberse a diferentes factores. En primer lugar, algunos bancos imponen políticas más estrictas de verificación de identidad, lo que obliga a los clientes a acudir presencialmente a una sucursal antes de acceder a los servicios digitales. Además, la infraestructura tecnológica de estos bancos, basada en sistemas heredados, puede dificultar la implementación de procesos digitales más ágiles.

A diferencia de BBVA y Santander, otros bancos tradicionales, como Banamex, sí permiten *onboarding* digital completo. Esto sugiere que algunos bancos establecidos están logrando adaptarse más rápido a la transformación digital, lo que les da una ventaja sobre sus competidores.

Otra institución relevante es Banco del Bienestar, un banco público enfocado en la inclusión financiera, que no ofrece *onboarding* digital, limitando su alcance en poblaciones no bancarizadas. Este hecho muestra un área de oportunidad para expandir el acceso a servicios financieros, si eventualmente implementa un proceso de registro en línea. Por su parte, el total de las *fintechs* analizadas ofrecen *onboarding* digital sin restricciones. Esto demuestra su enfoque en la inclusión financiera y en brindar una experiencia completamente digital sin fricciones.

A diferencia de los bancos tradicionales, las *fintechs* han diseñado sus procesos desde cero con tecnología moderna, lo que les permite validar la identidad de los usuarios de manera remota utilizando biometría, revisión documental con inteligencia artificial y firmas electrónicas.

2.2 Experiencia del usuario (UX)

Dentro de la experiencia del usuario hay distintos factores que pueden ser considerados; la UX en las *apps* bancarias es la impresión general que un cliente tiene al usarlas. Es el resultado de todas las interacciones que tiene con el banco a través de la *app*. Una buena experiencia del usuario mejora la satisfacción del cliente, lo que ayuda a retenerlo y fidelizarlo.

Algunos puntos que destacan como parte de la experiencia del usuario son:

- Diseñar la *app* de forma que sea fácil de usar y atractiva.
- Garantizar la seguridad sin comprometer la usabilidad.
- Mantenerse al día con las tecnologías emergentes.
- Personalizar la experiencia del usuario.
- Posicionarse como líder en la transformación digital de los servicios financieros.
- Que la *app* sea intuitiva.
- Que tenga funcionalidades distintas a las cotidianas.

Una buena experiencia del usuario ayuda a las diferentes entidades financieras a fidelizar a los usuarios con sus aplicaciones. Dentro de las principales características que consideramos para este estudio destacan:

- Que la aplicación sea intuitiva para los usuarios.
- Que permita fijar un límite de gastos (mensual / semanal / diario).
- Que permita vincular una cartera digital (Apple Pay, Google Wallet)

Experiencia del usuario
(Porcentajes)

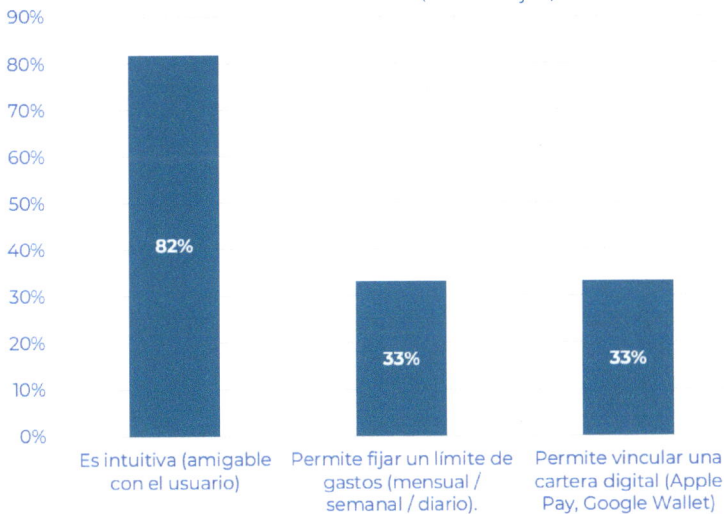

2.3 Recepción de tarjeta

Adicionalmente, un punto importante a considerar dentro de la capacidad operativa de las diferentes aplicaciones digitales es el uso de la tarjeta física. Existen distintos métodos para obtenerla, dependiendo de cada una de las aplicaciones financieras. Los distintos medios para adquirirla son:

- Se debe solicitar (envío a domicilio por paqueteria).
- Se enviará al domicilio automáticamente.
- Se debe recoger (acudir a sucursal).
- Se debe recoger en un corresponsal (asistir con un intermediario Oxxo, supermercado, comisionistas).

Dentro de la aplicaciones revisadas, podemos observar que 9 de ellas cuentan con envío automático desde el momento en que se crea la cuenta, lo cual brinda cierta comodidad a los clientes dado que evita realizar más procesos para poder obtener su tarjeta. En segundo lugar, se ubican aquellas que exigen recoger en sucursal, lo cual nos indica que, si bien la cuenta es digital, estas aplicaciones siguen teniendo cierta dependencia de las sucursales físicas. En tercer lugar, se encuentran las aplicaciones en las que el cliente puede solicitar la tarjeta, pero no es un proceso indispensable y tampoco es automático; en esta instancia el cliente debe realizar un proceso extra dentro de su aplicación, con la ventaja de poder hacerlo desde el lugar en el que se encuentre.

Tarjeta física
(Cantidad)

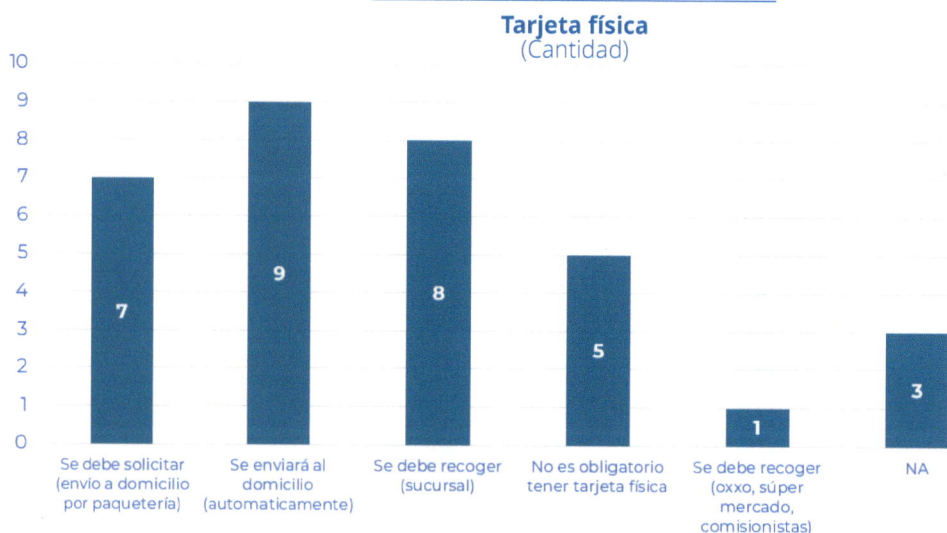

II.3
Capacidad operativa

3.1 Estados de cuenta

Siguiendo la normatividad, todas las cuentas deben brindar un estado de cuenta a los usuarios, en el cual se debe incluir información sobre los depósitos, retiros, intereses devengados, cargos y otras transacciones, entre otros datos efectuados en la cuenta durante el período especificado. Si bien este puede ser puesto a la disposición de los usuarios por distintos métodos, las aplicaciones usualmente lo brindan, ya sea por correo electrónico o por medio de la aplicación para su consulta en cualquier momento.

70% de las apps analizadas permiten visualizar estados de cuenta dentro de la misma aplicación.

Estados de cuenta
(Porcentaje)

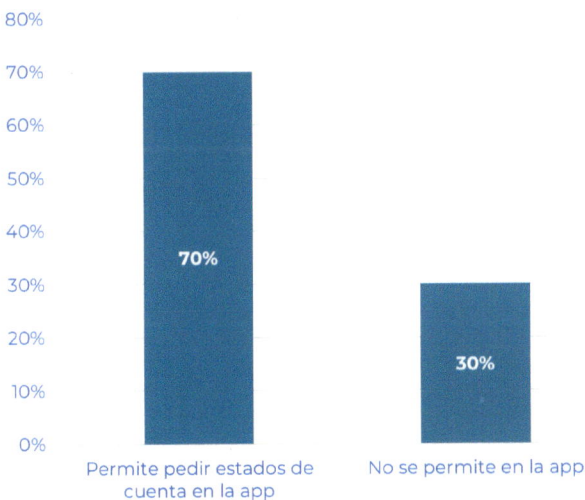

Dentro de las aplicaciones que evaluamos se puede observar que, si bien la mayoría tiene activa la funcionalidad para que los clientes consulten sus estados de cuenta, solamente 11 de las *apps* cuentan con el envío programado por correo electrónico. Esto no limita el hecho de que se puedan consultar los movimientos del periodo dentro de la aplicación y posteriormente recibir por correo electrónico su estado de cuenta mensual.

3.2 Notificaciones

La totalidad de las apps analizadas permiten al usuario visualizar notificaciones.

Las notificaciones de las *apps* de banca digital son mensajes que las entidades financieras envían a los clientes sobre sus cuentas y transacciones. Pueden ser transmitidos por SMS, correo electrónico o a través de la aplicación móvil. Podemos observar que todas las aplicaciones cuentan con esta funcionalidad, ya que es un elemento primordial para la seguridad de las mismas. Si bien, es importante señalar que, al instalar las diversas aplicaciones, se debe otorgar el permiso específico para que estas envíen las notificaciones de cargos o abonos a la cuenta.

Las notificaciones pueden ayudar a:

- Verificar movimientos de dinero.
- Evitar fraudes.
- Recordar fechas de vencimiento.
- Promocionar productos y servicios financieros.
- Interactuar con los clientes.
- Ofrecer consejos y recomendaciones.
- Comunicarse con los clientes sobre actividades de la cuenta.
- Notificar sobre transacciones potencialmente no autorizadas.
- Notificar sobre eventos de seguridad.

3.3 Comisiones

Las comisiones bancarias digitales varían según el banco y el tipo de operación. Entre las diferentes instituciones financieras, la norma indica que los clientes deben poder consultar las comisiones que maneja la entidad. Para ello, deben contar con un sitio web, sin excepción, en el cual los clientes puedan consultar la comisiones que cobra la entidad por las distintas operaciones que ofrece dentro de su plataforma.

Dentro de las aplicaciones que se consideraron para este estudio, 73% de ellas ponen a disposición de los usuarios las comisiones dentro de la *app*, y todas en un sitio web en el cual los usuarios pueden consultarlas.

Consulta de comisiones
(Porcentaje)

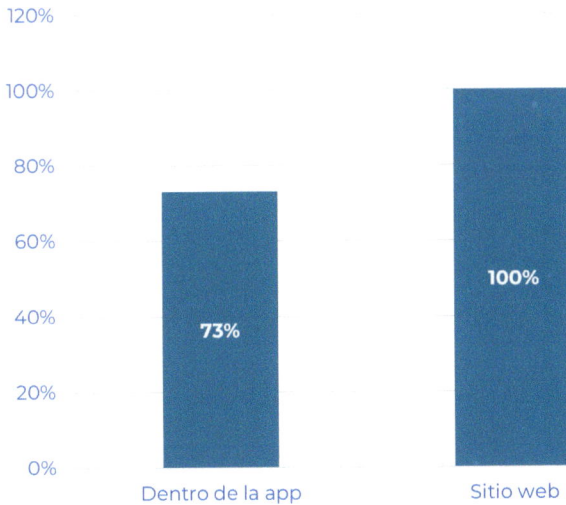

II.4
Privacidad, seguridad y soporte

En el contexto de la creciente digitalización de los servicios financieros en México, la seguridad y la privacidad de los usuarios se han convertido en pilares fundamentales para garantizar la confianza en las aplicaciones financieras.

La seguridad y la privacidad de los usuarios son fundamentales para garantizar la confianza en las *apps*.

El presente apartado analiza los procesos de *onboarding*, autenticación y protección de datos en 37 instituciones financieras de diferente tipo, con el objetivo de identificar las prácticas más comunes, las tendencias emergentes y las posibles áreas de mejora en materia de seguridad y experiencia del usuario.

El análisis se basa en una revisión exhaustiva de los requisitos solicitados durante el registro y uso de las aplicaciones, categorizados en seis secciones principales:

1. Datos personales (identificación, domicilio y datos fiscales).
2. Autenticación (contraseñas y biométricos).
3. Compartición de datos con terceros (buró de crédito y vinculación de dispositivos).
4. Doble factor de autenticación (métodos de verificación).
5. Seguridad de fondos (bloqueo de tarjetas y apartados de dinero).
6. Soporte al usuario (canales de atención).

Los datos fueron recopilados directamente de las aplicaciones, verificando su funcionamiento a la luz de los lineamientos de regulaciones mexicanas como la Ley Fintech y la Ley Federal de Protección de Datos Personales en Posesión de los Particulares (LFPDPPP).

4.1 Datos personales

El proceso de *onboarding* digital en aplicaciones financieras enfrenta el desafío de equilibrar el cumplimiento normativo con la facilidad de uso para los usuarios. En este estudio, se observó que todas las instituciones financieras analizadas, incluyendo bancos tradicionales y *fintechs*, requieren datos básicos como correo electrónico y número de teléfono para la comunicación inicial y verificación. Este hallazgo está respaldado por prácticas estándar en la industria y es crucial para iniciar cualquier relación financiera.

El 93% de estas entidades también exigen la aceptación de términos y condiciones, cumpliendo con requisitos legales para el tratamiento de datos personales bajo normativas como la Ley Fintech y la LFPDPPP. Además, el 70% implementa procesos de verificación de identidad mediante la captura de foto de una identificación oficial (INE, Pasaporte, etc.) y un *selfie*, alineándose con los estándares de «Conoce a Tu Cliente» (KYC, por sus siglas en inglés) para prevenir suplantaciones de identidad, práctica adoptada por instituciones como Banamex, BBVA, y Nu.

Sin embargo, solo el 57% de las instituciones investigadas solicitan información detallada sobre la ocupación del usuario, un dato relevante especialmente para aquellas que ofrecen productos crediticios. Además, se observa que bancos tradicionales como BBVA y Banamex tienden a requerir más información adicional, como referencias domiciliarias y RFC, mientras que algunas *fintechs* optan por simplificar el proceso para mejorar la experiencia del usuario.

En cuanto a la geolocalización, el 73% de las aplicaciones financieras solicitan permisos de ubicación, lo cual es considerado una medida útil para la prevención de fraudes, mientras que el 67% requiere el RFC del usuario, especialmente visible en bancos tradicionales e instituciones como Klar y Ualá.

Se destacan excepciones como BanCoppel y HSBC, que no ofrecen *onboarding* digital completo y limitan esta funcionalidad a clientes existentes. Por otro lado, el Banco del Bienestar se diferencia al requerir solo una contraseña sin un proceso formal de verificación de identidad, lo cual puede afectar la seguridad y el cumplimiento normativo en comparación con sus pares en la industria.

73% de las aplicaciones solicitan permisos de ubicación.

Consulta de comisiones
(Porcentaje)

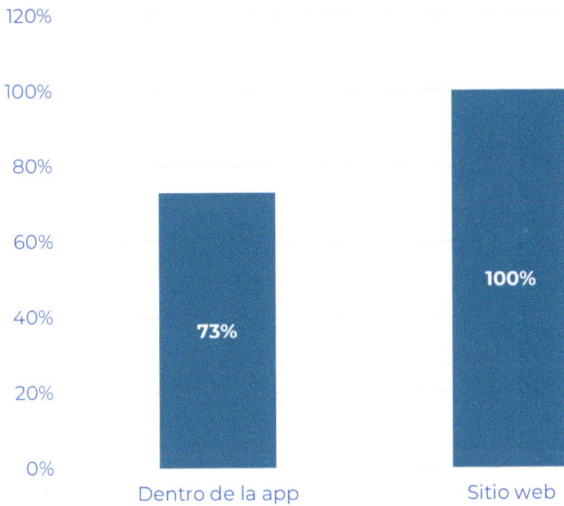

4.2 Datos biométricos o contraseña

La seguridad en el acceso a las aplicaciones financieras ha evolucionado significativamente en los últimos años, con un enfoque cada vez mayor en proteger a los usuarios frente a amenazas como el robo de credenciales o el *phishing*. Actualmente, el 100% de las aplicaciones analizadas exige el uso de contraseñas como primer filtro de seguridad, lo cual constituye una medida básica pero indispensable en el entorno digital.

No obstante, se observa una tendencia creciente hacia métodos de autenticación más robustos. El 63% de las *apps* ya incorpora tecnologías biométricas, como la huella digital o el reconocimiento facial, lo que representa un avance notable en la protección de cuentas. Entre las instituciones con mayor adopción de estas tecnologías se encuentran Banorte, Nu y Rappi Card, quienes han integrado estos mecanismos como parte de su experiencia de usuario desde etapas tempranas del *onboarding* o al iniciar sesión.

Este avance en seguridad también es evidente en bancos tradicionales como Banamex y BBVA, que han liderado la implementación de autenticación biométrica en sus plataformas digitales. Por el contrario, algunas *fintechs* como Openbank aún dependen únicamente de contraseñas y códigos enviados por SMS, lo cual representa un riesgo mayor, ya que estos canales pueden ser vulnerables a ataques como el SIM *swapping* o la interceptación de mensajes.

Seguridad en el acceso
(Porcentaje)

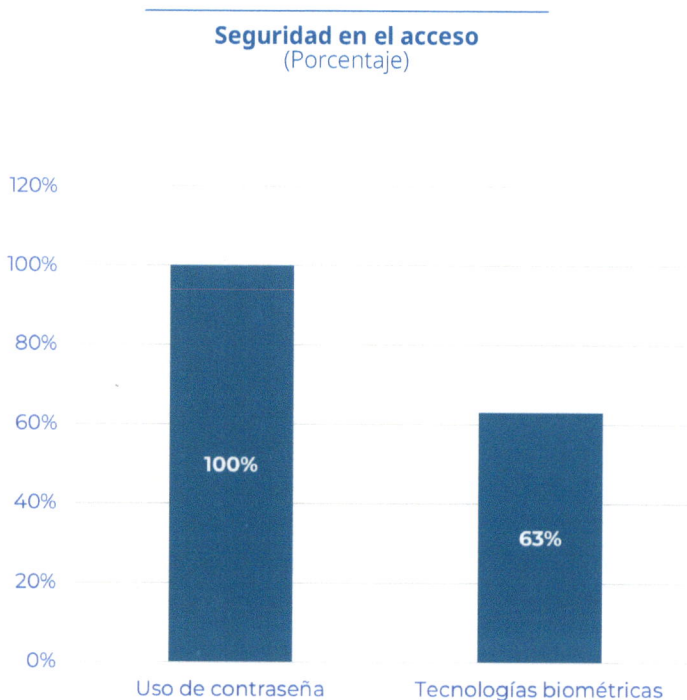

4.3 Datos compartidos con terceros

Aunque parte del análisis se centró en cuentas de débito, que por definición no implican un otorgamiento de crédito, se observó que el 33% de las aplicaciones financieras solicita autorización para consultar el Buró de Crédito, incluso si el usuario no está solicitando un producto crediticio. Este hallazgo es relevante, ya que legalmente no es obligatorio revisar el historial crediticio para abrir una cuenta de débito. Sin embargo, *apps* como Ualá y Finsus posiblemente soliciten esta autorización desde el *onboarding* para tener la opción de ofrecer productos crediticios a futuro o para alimentar sus modelos de segmentación de usuarios.

De acuerdo con el Buró de Crédito, las entidades financieras deben contar con el consentimiento expreso del usuario antes de consultar su historial, en cumplimiento con la Ley para Regular las Sociedades de Información Crediticia. Solicitar esta autorización de forma anticipada, aunque no se concrete una consulta inmediata, puede ser una práctica válida, pero debe comunicarse con claridad y transparencia.

En cuanto a la vinculación del dispositivo móvil, se identificó que el 60% de las aplicaciones implementan esta función como una medida para prevenir accesos no autorizados. Esta estrategia de seguridad, que asocia la cuenta con un solo equipo, ha sido adoptada por bancos y *fintechs* como BBVA, Klar y Didi Finanzas, y se ha convertido en una herramienta clave para prevenir fraudes digitales, especialmente en contextos de suplantación de identidad o robo de credenciales. De hecho, BBVA ha comunicado en sus canales oficiales que esta función permite validar que el acceso a la aplicación se realiza desde un dispositivo previamente autorizado, añadiendo una capa de protección para los usuarios.

60% de las *apps* implementan la vinculación a un solo dispositivo móvil.

Respecto a la protección de datos personales, aplicaciones como Afirme Móvil y Didi Finanzas explicitan en sus términos y condiciones el uso compartido de información con terceros, lo cual es legal siempre que esté enmarcado dentro de lo establecido por la LFPDPPP. No obstante, el grado de detalle con el que se informa a los usuarios varía ampliamente entre plataformas, lo que plantea retos en términos de transparencia y consentimiento informado.

En conjunto, estas prácticas muestran cómo las instituciones financieras digitales intentan equilibrar estrategias de seguridad, segmentación y cumplimiento normativo, aunque existen oportunidades para mejorar la claridad en la comunicación con los usuarios, especialmente cuando se trata del uso de sus datos personales y crediticios.

4.4 Doble factor de autenticación

El doble factor de autenticación (2FA) se ha convertido en un estándar de seguridad dentro de las aplicaciones financieras, aunque su implementación varía entre instituciones. Este mecanismo busca reforzar la protección de las cuentas al requerir dos formas de verificación: algo que el usuario conoce (como una contraseña) y algo que el usuario tiene o es enviado (como un código o una huella digital).

En el análisis realizado, se observó que el 100% de las aplicaciones utiliza como segundo factor de autenticación el envío de códigos por SMS, WhatsApp o correo electrónico. Esta práctica, aunque ampliamente adoptada por su facilidad de implementación, presenta vulnerabilidades importantes. Una de las más conocidas es el SIM *swapping*, un tipo de fraude en el que los delincuentes clonan la tarjeta SIM del usuario para interceptar sus mensajes y obtener acceso a sus cuentas. La propia Comisión Nacional para la Protección y Defensa de los Usuarios de Servicios Financieros (CONDUSEF) ha alertado sobre este tipo de ataques, recomendando a los usuarios reforzar sus medidas de seguridad y evitar depender exclusivamente de SMS para autenticar operaciones.

Mientras tanto, solamente el 63% de las aplicaciones combina estos métodos con elementos biométricos o contraseñas, brindando una capa adicional de seguridad, especialmente en operaciones sensibles como transferencias o cambios de contraseña.

El uso del doble factor de autenticación ya es un estándar en el sector financiero.

La comparación entre *apps* revela que, aunque el uso de 2FA es ya una norma en el sector financiero digital, aún hay espacio para mejorar su robustez, sobre todo migrando hacia métodos más seguros como las notificaciones *push* autenticadas, el uso de *tokens* físicos o virtuales, o incluso claves dinámicas generadas dentro de la misma aplicación. Estas tecnologías son ya recomendadas por organismos internacionales como el Banco de Pagos Internacionales (BIS) y son cada vez más comunes en plataformas bancarias de países con altos estándares de ciberseguridad.

4.5 Seguridad de fondos

En la etapa operativa de las aplicaciones financieras, posterior al registro, la protección de los fondos del usuario adquiere un papel central. Si bien muchas de las funcionalidades clave no se presentan durante el *onboarding*, su disponibilidad en el uso cotidiano de la *app* es fundamental para la seguridad financiera.

Una de las funciones más relevantes en esta fase es el bloqueo de tarjetas, una herramienta que permite al usuario congelar su medio de pago en caso de robo, extravío o sospecha de fraude. Aunque esta función no se activa durante el proceso de registro, es comúnmente accesible una vez habilitada la tarjeta. Instituciones como la CONDUSEF recomiendan que los usuarios activen esta opción desde el primer uso, ya que representa una defensa inmediata contra cargos no reconocidos. Aplicaciones como BBVA, Santander y Banorte permiten esta función desde su interfaz operativa, generalmente con un solo clic, reforzando el control del usuario sobre su seguridad.

Por otro lado, las herramientas de apartado de dinero o control de gastos son ofrecidas por pocas instituciones. En el estudio, solo Nu y Hey Banco hacen mención de estas funcionalidades desde el registro y las integran activamente en la experiencia del usuario. Nu, por ejemplo, promueve el uso de «Cajitas» para apartar dinero con fines específicos, al igual que Finsus con sus «apartados», mientras que Hey Banco ofrece funcionalidades de ahorro automatizado o categorización de gastos, elementos clave para mejorar la gestión personal de recursos.

Las funcionalidades de apartado de dinero o control de gastos son ofrecidas por pocas instituciones.

Este tipo de herramientas no solo contribuyen a la seguridad del dinero, al separar fondos para diferentes usos, sino que también promueven una mejor salud financiera. Según datos del Instituto Nacional de Estadística y Geografía (INEGI), sólo un tercio de los adultos en el país reportan tener algún mecanismo de ahorro formal, por lo que la incorporación de estas funcionalidades en *apps* digitales representa una oportunidad estratégica para fomentar el ahorro a través de medios accesibles[13].

4.6 Soporte al usuario en aplicación

La calidad del soporte al usuario en aplicaciones financieras digitales se ha convertido en un elemento diferenciador clave dentro de la experiencia general del cliente. En un entorno en el que los procesos automatizados dominan, la posibilidad de acceder rápidamente a ayuda en caso de dudas, errores técnicos o sospechas de fraude puede marcar la diferencia entre la confianza y el abandono del servicio.

De acuerdo con el análisis, el 87% de las aplicaciones evaluadas integra algún tipo de asistencia directamente

---

13 Comisión Nacional Bancaria de Valores (CNBV) & Instituto Nacional de Geografía y Estadística (INEGI). (2025). *Encuesta Nacional de Inclusión Financiera (ENIF)* 2024.

dentro de la *app*, ya sea mediante *chatbots*, secciones de preguntas frecuentes (FAQs) o guías interactivas. Este tipo de soporte interno resulta especialmente útil durante la navegación inicial o al enfrentar errores comunes, y es una práctica adoptada por instituciones como Banorte y Scotiabank. El uso de inteligencia artificial para automatizar respuestas básicas ha ganado terreno, siguiendo una tendencia global hacia la digitalización de la atención al cliente.

Por otro lado, el 90% de las apps ofrece canales de soporte externo, como líneas telefónicas, correos electrónicos o mensajes vía WhatsApp, lo cual es fundamental para resolver situaciones más complejas, especialmente en casos de fraudes, cobros no reconocidos o bloqueos de cuentas. La Comisión Nacional para la Protección y Defensa de los Usuarios de Servicios Financieros (CONDUSEF) ha insistido en la necesidad de que las instituciones financieras ofrezcan múltiples vías de contacto, en especial cuando se manejan recursos de los usuarios.

Soporte
(Porcentaje)

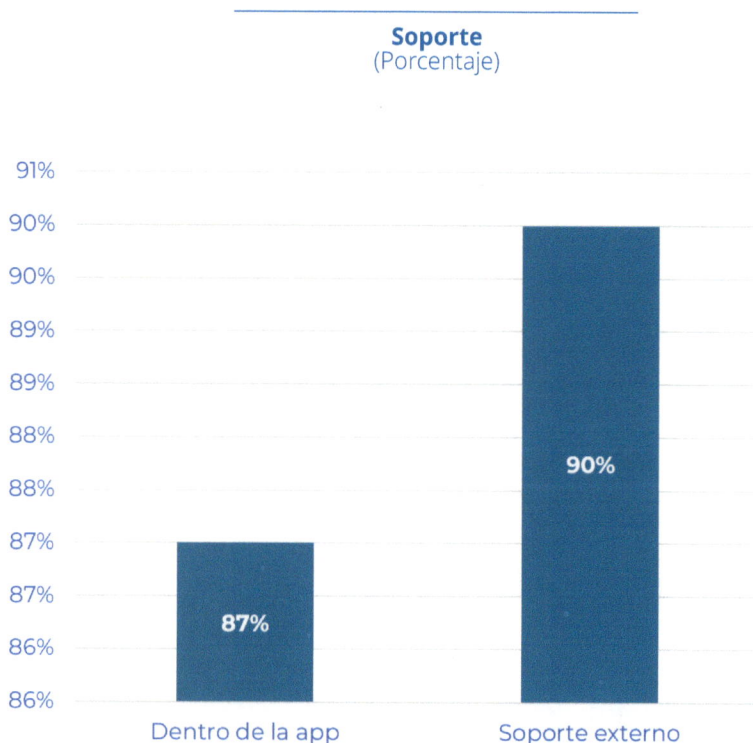

No obstante, el análisis identificó algunas excepciones significativas. Algunas aplicaciones carecen de soporte visible o accesible durante el proceso de registro, lo cual puede generar frustración en caso de errores técnicos o dudas que impidan la apertura exitosa de una cuenta. Este tipo de fallos puede impactar negativamente en la percepción del usuario.

III

LISTADO DE *APPS* FINANCIERAS

III.1
Listado de *apps* financieras

En un esfuerzo por analizar el panorama de la banca digital en México, se realizó un listado que menciona las *apps* existentes que ofrecen servicios financieros en el país.

El listado consta de 37 *apps* financieras móviles en orden alfabético.

Las aplicaciones móviles ofrecen herramientas para ampliar la inclusión financiera, al proporcionar un medio de acceso a los servicios financieros desde los teléfonos celulares, con funcionalidades que permiten abrir y gestionar productos financieros, en ocasiones sin tener que acudir a una sucursal o corresponsal bancario. Los servicios que ofrecen incluyen: apertura de cuentas de captación, transferencias de dinero, ahorro mediante apartados, acceso a inversiones, tarjetas de crédito, pago de servicios, consulta de saldos, descarga de estados de cuenta.

A continuación se enumeran las 37 *apps* analizadas en orden alfabético. En cada caso se incluye la calificación ponderada, obtenida de los promedios de calificación que ha recibido cada aplicación en las tiendas de Play Store (Android), App Store (iOS) y App gallery (Huawei) según la siguiente fórmula:

Calificación ponderada*:
$$\frac{(R_{iOS} * C_{iOS}) + (R_{Android} * C_{Android}) + (R_{Huawei} * C_{Huawei})}{(R_{iOS} + R_{Android} + R_{Huawei})}$$

* En donde R: Número de reseñas de la aplicación y C: Calificación reportada en la tienda de aplicaciones.

También se mencionan los servicios que ofrece cada una, su disponibilidad en las tiendas de aplicaciones, así como su tamaño de descarga, compatibilidad y la última versión disponible. La información y las imágenes han sido publicadas por las mismas entidades financieras a en las *app stores* y de los sitios oficiales de la cada *app*.

AFIRME

Disponible en
Google Play (Android)

Calificación: **4.8**

Tamaño: 79 MB
Compatibilidad
Android 8.0 o posterior
Calificaciones: 56,600

Disponible en
App Store (Apple)

Calificación: **4.6**

Tamaño: 319.8 MB
Compatibilidad iOS
12.0 o posterior
Calificaciones: 8,000

Disponible en
AppGallery (Huawei)

HUAWEI

Calificación: **4.8**

Tamaño: 50.1 MB
Compatibilidad 8.0 o
posterior
Calificaciones: 18

**Banca Afirme, S.A.,
Institución de Banca
Múltiple, Afirme Grupo
Financiero.**

Última versión: 7.9.1.50875
Fecha: febrero, 2025

4.8

Calificación ponderada

- Consulta de saldos y movimientos de cuentas de cheques
- Pago y consulta de detalles de tarjetas de crédito
- Inversiones y bonos
- Transferencias SPEI
- Pago de servicios
- Recarga con operadores de telefonía
- Crédito de Nómina.
- Transferencias CoDi
- Transferencias QR o NFC
- Transferencias entre cuentas propias y a terceros mismo banco
- Retiro sin tarjeta
- Localiza sucursales y cajeros
- Manejo de inversiones
- Consulta y solicitud de créditos en línea

AFIRME MÓVIL

Con Afirme Móvil tienes el banco en tus manos, ya que desde tu *smartphone* podrás realizar transacciones seguras las 24 horas del día.

Con la *app* Afirme Móvil, tienes la sucursal en tu celular, evita filas realizando tus transacciones en minutos desde donde estés.

Descárgala, aunque no seas cliente del banco, y desde la *app* podrás aperturar una cuenta sin acudir a sucursal.

Fuente: https://afirme.com/Personas/Banca-en-linea/AfirmeMovil.html

BX+

Disponible en
Google Play (Android)

Calificación: **4.1**

Tamaño: 17 MB
Compatibilidad
Android 5.0 o posterior
Calificaciones: 217

Disponible en
App Store (Apple)

Calificación: **4**

Tamaño: 54.4 MB
Compatibilidad iOS
14.0 o posterior
Calificaciones: 98

**Banco Ve Por Más,
S.A., IBM, GF Ve Por Más.**

Última versión: 3.14.8
Fecha: diciembre, 2024

4.1

Calificación ponderada

- Ingreso con autentificación segura
- Transferencia *express*
- Consulta de estados de cuenta
- Consulta de movimientos
- Créditos
- Inversiones
- Tarjeta de débito
- Transferencias a través de CoDi
- Tarjeta digital
- Transferencias asociando el número celular como cuenta

B×+ MÓVIL

Banca Móvil Bx+ es una aplicación que te permitirá realizar tus operaciones financieras desde la comodidad de tu teléfono celular y con la seguridad de vincular tu línea telefónica con tu servicio de banca móvil. Ten el control de tu dinero desde la palma de tu mano.

La Banca Móvil Bx+ se renueva para que todas tus transacciones las realices de una manera fácil y rápida.

Fuente: https://www.vepormas.com/fwpf/portal/documents/servicios-banca-movil

BanBajío®

Disponible en
Google Play (Android)

Calificación: **4.8**

Tamaño: 46 MB
Compatibilidad
Android 9.0 o posterior
Calificaciones: 56,600

Disponible en
App Store (Apple)

Calificación: **4.4**

Tamaño: 193.5 MB
Compatibilidad iOS
12.0 o posterior
Calificaciones: 8,000

Disponible en
AppGallery (Huawei)

Calificación: **5**

Tamaño: 47.7 MB
Compatibilidad
sin información
Calificaciones: 18

**Banco del Bajío, S.A.,
Institución de Banca
Múltiple.**

Última versión: 7.10.3.5199
Fecha: marzo, 2025

4.8

Calificación ponderada

- Consulta de saldos y movimientos.
- Consulta de número de cuenta CLABE y tarjeta de débito
- Descarga de estado de cuenta digital
- Ocultar cuentas
- Personalizar productos con alias
- Transferencias entre cuentas BanBajío así como SPEI y TEF
- Pagos de tarjeta de crédito BanBajío y otros bancos
- Pagos de impuestos referenciados
- Bloqueo y desbloqueo temporal de tarjeta de crédito y/o débito
- Límite de gastos
- Recuperar contraseñas desde la *app*·
- Indicadores económicos de México y el mundo
- Solicitud de anticipo de nómina
- CoDi
- Billetera móvil
- Notificaciones
- Promociones
- Información de sucursales

BAJIONET MÓVIL

Con Bajionet Móvil realiza tus transacciones en donde estés.

¡Activa el servicio SIN COSTO! Dirígete a cualquiera de nuestros cajeros automático BanBajío o con alguno de nuestros ejecutivos en sucursal.

Fuente: https://www.bb.com.mx/webcenter/portal/BanBajio/personas/p-banca-electronica

Banamex

Disponible en
Google Play (Android)

Calificación: **4.6**

Tamaño: 96 MB
Compatibilidad
Android 8.0 o posterior
Calificaciones:
2,180,000

Disponible en
App Store (Apple)

Calificación: **4.7**

Tamaño: 340.1 MB
Compatibilidad iOS
14.0 o posterior
Calificaciones:130,000

Banco Nacional de México S.A.

Última versión: 113.0.0
Fecha: marzo, 2025

4.6

Calificación ponderada

- Transfencias sin comisiones
- Compras en línea con tarjetas digitales
- Bloqueo y desbloqueo de tarjetas
- Recargas de tiempo aire
- Descarga de estados de cuenta
- Preventas exclusivas con tarjetas Banamex
- Inversiones
- Seguros
- Bolsas de ahorro para planear y cumplir metas

APP BANAMEX

Lo que más usas, siempre a la mano.
Descarga la App Banamex para tener control total de tu dinero de forma fácil, rápida y segura.

Fuente: https://www.banamex.com/es/personas/banca-digital/app-banamex.html

Banco Azteca

Disponible en
Google Play (Android)

Calificación: **4.6**

Tamaño: 137 MB
Compatibilidad
Android 7.0 o posterior
Calificaciones:
1,000,000

Disponible en
App Store (Apple)

Calificación: **4.8**

Tamaño: 456.2 MB
Compatibilidad iOS
14.0 o posterior
Calificaciones: 672,400

Disponible en
AppGallery (Huawei)

Calificación: **0**

Tamaño: 25.5 MB
Compatibilidad sin
información
Calificaciones: 0

**Banco Azteca S.A.
Institución de Banca
Multiple**

Última versión: 7.10.3.5199
Fecha: marzo, 2025

4.7

Calificación ponderada

- Abrir cuenta bancaria y solicitar tarjeta de débito
- Transferencias a otros bancos, pago de préstamos personales, revisar movimientos 24/7 y solicitar estados de cuenta
- Solicitar préstamos en línea: préstamo en efectivo, de nómina o de consumo para comprar artículos en Elektra
- Consultar movimientos y programar recordatorios para pagar préstamos
- Transferencias con SPEI o recibir dinero con Dimo
- Enviar dinero a usuarios de la aplicación de Banco Azteca o de otros bancos, recibir dinero directo a tu cuenta Guardadito
- Envíos de dinero internacionales
- Recibir dinero de Estados Unidos
- Usar Dinero Express para enviar dinero de USA a México sin abrir una cuenta bancaria
- Comprar y vender dólares
- Pagos digitales y compras en línea
- Pagos de servicio y recarga celular
- Tarjeta digital con CVV dinámico
- Retiro sin tarjeta y cobros con CoDi

BANCO AZTECA

Descubre lo que puedes hacer con la aplicación de Banco Azteca móvil.

La *app* de Banco Azteca te permite hacer tus operaciones de forma fácil y segura desde donde estés. Usa la banca móvil sin costo, los datos van por nuestra cuenta.

Fuente:https://www.bancoazteca.com.mx/app/app-banco-azteca.html

Banco del
Bienestar
El banco de los mexicanos

Disponible en
Google Play (Android)

Calificación: **4**

Tamaño: 19 MB
Compatibilidad
Android 5.1 o posterior
Calificaciones: 28,500

Disponible en
App Store (Apple)

Calificación: **2.3**

Tamaño: 50.8 MB
Compatibilidad iOS
13.0 o posterior
Calificaciones: 3,200

Disponible en
AppGallery (Huawei)

Calificación: **0**

Tamaño: 19.1 MB
Compatibilidad sin
información
Calificaciones: 0

3.8

Calificación ponderada

· Consulta de saldos
· Consulta de movimientos

Banco del Bienestar, S.N.C.

Última versión: 2
Fecha: febrero, 2023

BANCO DEL BIENESTAR MÓVIL

Aplicación móvil para consulta de saldos y movimientos para programas de apoyos y cuenta de debito.

Fuente: https://www.gob.mx/bancodelbienestar/documentos/app-banco-del-bienestar

Banco
Dondé MR

Disponible en
Google Play (Android)

Calificación: **4.4**

Tamaño: 14 MB
Compatibilidad
Android 7.0 o posterior
Calificaciones: 35

Disponible en
App Store (Apple)

Calificación: **5**

Tamaño: 37.9 MB
Compatibilidad iOS
13.0 o posterior
Calificaciones: 14

HUAWEI

Disponible en
AppGallery (Huawei)
APK

Calificación: **0**

Tamaño: 50.1 MB
Compatibilidad sin
información
Calificaciones: 0

**Fundación Dondé Banco
S.A. Institución de Banca
Múltiple**

Última versión: 1.0.11
Fecha: febrero, 2025

4.6

Calificación ponderada

- Abrir cuenta
- Ahorrar en línea
- Consultar saldos y movimientos
- Enviar y recibir dinero
- Consultar tarjetas
- Ver NIP
- Prender y apagar tarjeta
- Envíos de dinero con Dimo

BANCO DONDÉ

Aplicación móvil digital para el enrolamiento de cuenta bancaria, consulta de saldos, movimientos, y envío de recursos de banco.

Fuente: https://www.dondeempenos.com.mx/app-donde-movil

Paga Todo

Disponible en
Google Play (Android)

Calificación: **3.5**

Tamaño: 66 MB
Compatibilidad
Android 10.0 o
posterior
Calificaciones: 1,400

Disponible en
App Store (Apple)

Calificación: **3.5**

Tamaño: 54.4 MB
Compatibilidad iOS
14.0 o posterior
Calificaciones: 98

**Banco PagaTodo S.A.,
Institución de Banca
Múltiple**

Última versión: 7.0.4
Fecha: febrero, 2025

3.5

Calificación ponderada

- Cuenta "B", ideal para compras en línea y suscripciones.
- 100% tokenizada: máxima seguridad.
- Recarga automática desde tu cuenta de nómina, sin complicaciones.
- Uso inteligente: siempre sabes dónde la registraste y controlas tus límites de gasto.
- Con todo lo esencial: números encriptados, plástico opcional, bloqueo en *app*, SPEI in/out, favoritos, servicios, recargas y asesoría financiera.

BANCO PAGATODO

Banco PagaTodo: el banco digital para la vida digital.

Banco PagaTodo es la solución ideal para quienes buscamos funcionalidad y control en un solo lugar.

Los mexicanos necesitamos una tarjeta digital práctica para nuestras compras en línea, pero con la tranquilidad de tener límites preestablecidos y la facilidad de recargarla automáticamente desde nuestra cuenta de nómina, solo con lo necesario.

En un entorno donde todos queremos reducir riesgos de fraude, esta es la forma más segura, accesible y eficiente de manejar nuestro dinero digital.

Fuente: https://www.pagatodo.com/

BanCoppel

Disponible en
Google Play (Android)

Calificación: **3.2**

Tamaño: 82 MB
Compatibilidad
Android 6.0 o posterior
Calificaciones: 303.000

Disponible en
App Store (Apple)

Calificación: **3.4**

Tamaño: 268.9 MB
Compatibilidad iOS
14.0 o posterior
Calificaciones: 25,100

Disponible en
AppGallery (Huawei)

Calificación: **3.1**

Tamaño: 84.9 MB
Compatibilidad sin
información
Calificaciones: 46

**BanCoppel S.A. Institución
de Banca Múltiple**

Última versión: 47
Fecha: marzo, 2025

3.2

Calificación ponderada

- Realiza retiros de efectivo sin tarjeta en cajeros automáticos y/o ventanillas electrónicas
- Utiliza CoDi para hacer transferencias electrónicas
- Préstamo digital
- Portabilidad de nómina
- Código de seguridad dinámico
- Pago de servicios
- Préstamo personal Coppel
- Tarjeta de débito
- Videotutoriales

BANCOPPEL

Con tu *app* BanCoppel puedes realizar operaciones en moneda nacional de forma rápida, fácil y segura, sin necesidad de acudir a una sucursal.

Fuente: https://www. bancoppel.com/banca_ personal_bcopp/express.html

BANORTE

Disponible en
Google Play (Android)

Calificación: **4.7**

Tamaño: 69 MB
Compatibilidad
Android 8.0 o posterior
Calificaciones: 893,000

Disponible en
App Store (Apple)

Calificación: **4.4**

Tamaño: 257.9 MB
Compatibilidad iOS
13.0 o posterior
Calificaciones: 132,500

Disponible en
AppGallery (Huawei)

Calificación: **2.9**

Tamaño: 110.4 MB
Compatibilidad sin
información
Calificaciones: 75

**Grupo Financiero Banorte,
S.A.B. de C.V.**

Última versión: 7.10.3.51968
Fecha: marzo, 2025

4.7

Calificación ponderada

- Consulta de saldos, movimientos y envío de dinero
  Notificación de depósitos a tu cuenta
- Ingreso con *selfie* o con huella digital, retiro de efectivo sin necesidad de la tarjeta o envío a contactos de una referencia para hacer el retiro en un cajero
- Registro de cuentas o tarjetas, transferencias, pago de servicios
- Notificaciones y ubicación de cajeros, sucursales o corresponsables

BANORTE MÓVIL

Con Banorte Móvil tienes el control de tus cuentas y tarjetas en tu celular. Además, puedes realizar tus operaciones desde donde estés con total seguridad.

Fuente: https://www.banorte.com/wps/portal/banorte/Home/servicios-en-linea/banca-digital/banorte-movil

Disponible en
Google Play (Android)

Calificación: **3.7**

Tamaño: 125 MB
Compatibilidad
Android 7.0 o posterior
Calificaciones: 123,000

Disponible en
App Store (Apple)

Calificación: **4.7**

Tamaño: 226.2 MB
Compatibilidad iOS
14.0 o posterior
Calificaciones: 15,900

Disponible en
AppGallery (Huawei)
APK

Calificación: No
disponible*

Tamaño: 156.8 MB
Compatibilidad sin
información
Calificaciones: 0

**BAZ SUPER APP, S.A. DE C.V.
Banco Azteca S.A.
Institución de Banca
Multiple**

Última versión: 2.18.02
Fecha: febrero, 2025

*Calificación en App Gallery
no disponible, ya que solo está
disponible como APK.

3.8

Calificación ponderada

- Compras en línea
- Compras a través de préstamos
- Préstamos personales
- Cobro de remesas
- Pagos digitales: transferencias de dinero, pagos con QR y Tap to Pay
- Pago de servicios
- Consulta de saldos y movimientos
- Cobro de remesas
- Recargas de tiempo aire de celular
- Solicitud de tarjeta física

BAZ: COMPRAS Y PAGOS EN LÍNEA

¡Compra en línea desde tu súperapp! Estrena hoy y paga después comprando con tu préstamo, encuentra grandes ofertas y descuentos en compra de motos, celulares, línea blanca, ropa ¡y más de tus productos favoritos!

Además, sigue disfrutando de tus funciones favoritas, como pedir préstamos personales en línea, pagos digitales, pago de servicios, recargas de tiempo aire en tu celular, cobro de remesas, TV en vivo y lo mejor del entretenimiento.

Fuente: https://www.baz.app/

BBVA

Disponible en
Google Play (Android)

Calificación: **4.7**

Tamaño: 108 MB
Compatibilidad
Android 6.0 o posterior
Calificaciones:
4,510,000

Disponible en
App Store (Apple)

Calificación: **4.9**

Tamaño: 501.2 MB
Compatibilidad iOS
13.0 o posterior
Calificaciones:
3,900,000

Disponible en
AppGallery (Huawei)

Calificación: **1.7**
Tamaño: 171.6 MB
Compatibilidad sin
información
Calificaciones: 118

**BBVA México, S.A.,
Institución de Banca
Múltiple**

Última versión: 25.20.37
Fecha: marzo, 2025

4.8

Calificación ponderada

- Transferencias
- Pagar servicios
- Pagar tarjeta de crédito
- Retiro de cajero automático sin tarjeta
- Tarjeta digital con CVV dinámico
- Prender y apagar tarjetas
- Presupuestos
- Visualización de próximos intereses en tarjetas de crédito
- Solicitud de préstamos
- Transferencias con códigos QR
- Recarga de tiempo aire
- Cambiar nómina a BBVA
- Apertura de cuenta adicional
- Pago de servicios

BBVA

Blue, el
nte virtual
de BBVA

gestiones del día
des hablarle para
movimientos o
cualquier duda
a con tu cuenta

Retiro
sin tarjeta

el retiro sin tarjeta
Solo necesitas tu
dinero al instante!

Redescubre
la nueva app
BBVA en México

Con la *app* BBVA México, las filas y traslados quedaron atrás. Realiza tus transacciones en minutos desde donde estés.

Aún no eres parte del banco? No hay problema; ya no es necesario ir a sucursal o ser cliente para abrir una cuenta, ábrela sin costo ni comisiones desde la comodidad de tu hogar.

Ahora, con la función de reconocimiento facial, que únicamente tendrás que configurar cuando descargues la app por primera vez en un dispositivo, tus datos están más seguros que nunca.

Fuente: https://www.bbva.mx/
personas/apps/bbva.html

bineo

Disponible en
Google Play (Android)

Calificación: **4.2**

Tamaño: 118 MB
Compatibilidad
Android 8.0 o posterior
Calificaciones: 2,170

Disponible en
App Store (Apple)

Calificación: **3.6**
Tamaño: 407.9 MB
Compatibilidad iOS
15.0 o posterior
Calificaciones: 596

Banco Bineo, S.A. Institucion de Banca Multiple, Grupo Financiero Banorte

Última versión: 1.2.8
Fecha: febrero, 2025

4.1

Calificación ponderada

- Apertura de cuenta digital
- Depósitos
- Transferencias
- Pago de servicios
- Préstamos
- Tarjeta de débito digital
- Solicitud de tarjeta física
- Pockets bineo para ahorro con rendimiento
- Recibir dinero desde Estados Unidos

BINEO

bineo es el primer banco 100% digital en México. Es el único que opera con una licencia de Institución de Banca Múltiple propia otorgada por las autoridades financieras mexicanas (SHCP, CNBV, Banxico).

bineo es un banco que te escucha, te entiende y te acompaña. Tiene la agilidad de entregar nuevas funcionalidades constantemente, brindando una experiencia excepcional para que alcances tus metas y sueños.

Fuente: https://www.bineo.com/app

CAJA POPULAR
MEXICANA

Disponible en
Google Play (Android)

Calificación: **3.3**

Tamaño: 21 MB
Compatibilidad
Android 9.0 o posterior
Calificaciones: 5,990

Disponible en
App Store (Apple)

Calificación: **2.6**

Tamaño: 44 MB
Compatibilidad iOS
15.0 o posterior
Calificaciones: 494

**Caja Popular Mexicana S.C.
de A.P. de R.L. de C.V.**

Última versión: 1.11.11
Fecha: marzo, 2025

3.2

Calificación ponderada

- Consultar saldos y movimientos de las cuentas
- Hacer y recibir transferencias entre cuentas propias
- Hacer y recibir transferencias a cuentas de otros socios de la cooperativa
- Hacer y recibir transferencias a cuentas de otras instituciones financieras, ahora con SPEI
- Pagar préstamos y tarjeta de crédito CPM
- Activar, bloquear o desbloquear la tarjeta de Débito CPM
- Ubicar cajeros automáticos y sucursales de CPM

CPM MÓVIL

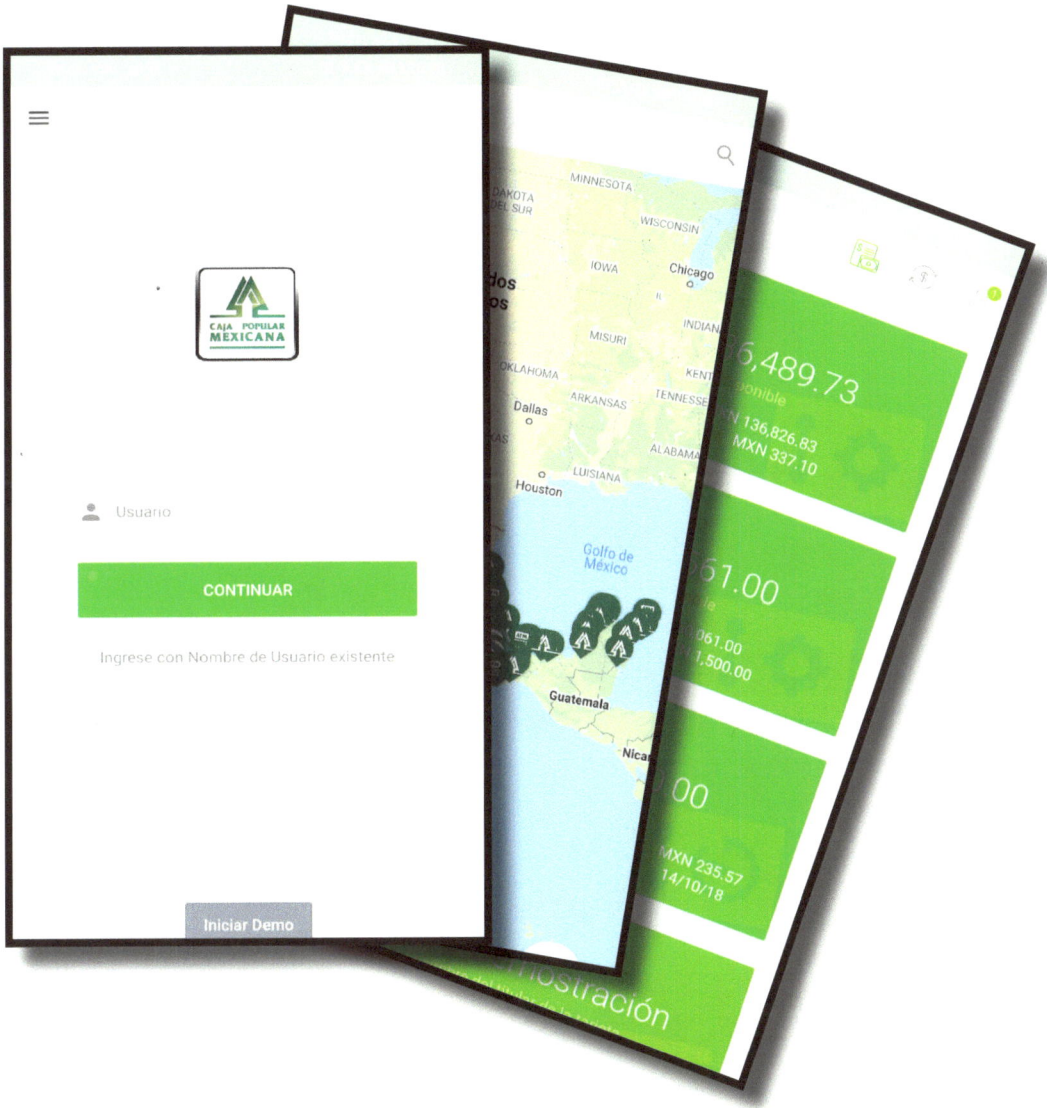

CPM Móvil te permite realizar operaciones de forma rápida y segura. Administra tus cuentas desde la palma de tu mano, donde quiera que estés con acceso a internet.

Si ya contrataste previamente CPM Móvil, descarga y activa tu aplicación capturando tu número de socio y sigue los pasos que se te indicarán en la plataforma. En caso de que aún no cuentes con el servicio, acude a la sucursal de tu preferencia para realizar la contratación. ¡Es totalmente GRATIS!

Fuente: https://www.cpm.coop/cpm-movil

cashi

Disponible en
Google Play (Android)

Calificación: **4.8**

Tamaño: 45 MB
Compatibilidad
Android 8.0 o posterior
Calificaciones: 299,000

Disponible en
App Store (Apple)

Calificación: **4.9**

Tamaño: 174.3 MB
Compatibilidad iOS
15.0 o posterior
Calificaciones: 137,000

Disponible en
AppGallery (Huawei)
APK

Calificación: No
disponible*

Tamaño: 20.6 MB
Compatibilidad sin
información
Calificaciones: 0

**Wal-Mart de México, S.A.B
de C.V.**

Última versión: 3.3.1
Fecha: marzo, 2025

*Calificación en App Gallery
no disponible, ya que solo está
disponible como APK.

4.8

Calificación ponderada

- Monedero digital
- Crédito de hasta $20,000
- Pago de servicios sin comisión
- Compras en línea
- Localizador de tiendas
- Recarga de tiempo aire y servicios

CASHI

Bienvenido a Cashi, tu Monedero Digital que transforma tus compras en Bodega Aurrera, Sam's Club y Walmart, ya sea en tiendas físicas o en línea, en una experiencia llena de beneficios.

Fuente: https://cashi.com.mx/

Compartamos *Móvil*

Disponible en
Google Play (Android)

Calificación: **4.2**

Tamaño: 51 MB
Compatibilidad
Android 5.0 o posterior
Calificaciones: 5,280

Disponible en
App Store (Apple)

Calificación: **2.9**

Tamaño: 99 MB
Compatibilidad iOS
11.0 o posterior
Calificaciones: 305

Disponible en
AppGallery (Huawei)

Calificación: **5**

Tamaño: 51.4 MB
Compatibilidad sin
información
Calificaciones: 1

**Banco Compartamos,
SA, Institución de Banca
Múltiple.**

Última versión: 3.8.01
Fecha: marzo, 2025

4.1

Calificación ponderada

- Consulta de saldos y movimientos
- Pagos de créditos (grupales e individuales)
- Pago de servicios
- Recarga tiempo aire a cualquier teléfono celular
- Transferencia de dinero entre cuentas Compartamos e incluso a otros bancos (SPEI)

COMPARTAMOS MÓVIL

Compartamos Móvil es la aplicación de Compartamos Banco que te da acceso total a tus Créditos, cuentas de Ahorro y Seguros. Podrás realizar operaciones GRATIS y sin comisión.

Fuente: https://www.compartamos.com.mx/compartamos/canales-digitales/compartamos-movil

DiDi

Disponible en
Google Play (Android)

Calificación: **4.8**

Tamaño: 41 MB
Compatibilidad
Android 5.0 o posterior
Calificaciones: 880,000

Disponible en
App Store (Apple)

Calificación: **4.9**

Tamaño: 107 MB
Compatibilidad iOS
13.0 o posterior
Calificaciones: 223,900

Disponible en
AppGallery (Huawei)

Calificación: **4.8**

Tamaño: 58.1 MB
Compatibilidad sin
información
Calificaciones: 92

Regigold, S.A. de C.V.

Última versión: 2.0.0
Fecha: marzo, 2025

4.8

Calificación ponderada

- Crédito revolvente con preaprobación rápida
- Límite flexible
- Plazos de pagos del préstamo
- Pago de crédito a través de SPEI

DIDI FINANZAS: RÁPIDO Y SEGURO

El servicio financiero de DiDi en el que puedes aplicar y usar tu crédito personal de DiDi y también la nueva tarjeta de crédito, DiDi Card. Nuestro objetivo es echarte la mano de la forma más fácil y rápida, por eso desarollamos un servicio 100% en línea, de acceso rápido y seguro.

Fuente: https://web. didiglobal.com/mx/ prestamos/

DolarApp

Disponible en
Google Play (Android)

Calificación: **4.8**

Tamaño: 25 MB
Compatibilidad
Android 8.0 o posterior
Calificaciones: 7,080

Disponible en
App Store (Apple)

Calificación: **4.8**

Tamaño: 155.8 MB
Compatibilidad iOS
15.0 o posterior
Calificaciones: 1,700

**DólarApp México, S.A. de
C.V. Servicios bancarios son
proporcionados por Regent
Bank**

Última versión: 6.20.01
Fecha: marzo, 2025

4.8

Calificación ponderada

- Apertura de cuenta digital
- Tarjeta internacional DolarCard física o virtual
- Envía o recibe pagos de Estados Unidos
- Compra y manten dólares digitales al precio interbancario
- Transferencias a través de número CLABE en México
- Transferencias a cuentas de otros países

DOLARAPP

Abre tu cuenta global en dólares digitales. Cambia de peso a dólar USDc (y viceversa) en segundos, ahorra en USDc y envía o recibe pagos desde Estados Unidos sin complicaciones, recarga tu cuenta con pesos o dólares y paga con una Mastercard internacional al mejor cambio.

Fuente: https://www.dolarapp.com/

finsus

Disponible en
Google Play (Android)

Calificación: **4.4**

Tamaño: 55 MB
Compatibilidad
Android 7.1 o posterior
Calificaciones: 18,500

Disponible en
App Store (Apple)

Calificación: **4**

Tamaño: 98.3 MB
Compatibilidad iOS
13.4 o posterior
Calificaciones: 2,000

Financiera Sustentable de México, S. A. de C. V., S. F. P

Última versión: 2.30.0
Fecha: febrero, 2025

4.4

Calificación ponderada

- Inversión a plazos fijos
- Ahorro con rendimientos en apartados
- Pago de servicios
- Programa de referidos
- Solicitud de créditos
- Solicitud de seguros
- Transferencias a cuentas Finsus, a cuentas de otros bancos o a través de Dimo
- Recepción de dinero desde Estados Unidos
- Cuenta de débito
- Tarjeta digital
- Bloqueo de tarjeta
- Solicitud de tarjeta física

FINSUS

FINSUS te permite ahorrar e invertir a plazos fijos de manera sencilla, recibiendo rendimientos atractivos sobre tasas competitivas.

¡Con FINSUS, poner a trabajar tu dinero es más fácil de lo que crees!

Fuente: https://finsus.mx/faq_category/uso-de-finsus-app/

hey, banco

Disponible en
Google Play (Android)

Calificación: **2.5**

Tamaño: 88 MB
Compatibilidad varia
según el dispositivo
Calificaciones: 36,100

Disponible en
App Store (Apple)

Calificación: **3.3**

Tamaño: 618.2 MB
Compatibilidad iOS
14.0 o posterior
Calificaciones: 5,700

Disponible en
AppGallery (Huawei)

Calificación: **4.6**

Tamaño: 171 MB
Compatibilidad sin
información
Calificaciones: 18

2.6

Calificación ponderada

- Ahorro programado
- Inversión con pagarés
- Transferencias instantáneas 24/7
- Cuenta de débito
- Bloqueo de tarjeta

**Banco Regional S.A.
Institución de Banca
Múltiple
Banregio Grupo Financiero**

Última versión: 10.85.12
Fecha: marzo, 2025

HEY BANCO

Abre tu Cuenta Hey desde tu celular

En minutos

Sin costo

...erencias
.../7

...,000

...es para
... o retirar

...EXITOSA!

238473928
...nida lunes
...au *0208
...smo día
...309902

Conoce la variedad de productos, servicios y benefi-cios que Hey Banco te ofrece, lo primero que debes de hacer para disfrutar de los beneficios de nuestro banco digital es abrir una Cuenta Hey, ¡Descarga la app y hazlo en minutos!

Administrar tu dinero y llevar un control de tus cuentas desde tu celular ya es posible con tu nuevo banco digital Hey Banco.

Fuente: https://banco.hey.inc/home

HSBC

Disponible en
Google Play (Android)

Calificación: **4.6**

Tamaño: 107 MB
Compatibilidad
Android 8.1 o posterior
Calificaciones: 601,000

Disponible en
App Store (Apple)

Calificación: **4.8**

Tamaño: 621.4 MB
Compatibilidad iOS
15.0 o posterior
Calificaciones: 440,800

**HSBC México, S.A.,
Institución de Banca
Múltiple, Grupo Financiero
HSBC.**

Última versión: 3.55.02
Fecha: febrero, 2025

4.7

Calificación ponderada

- Solicitud de seguros
- Transferencias
- Cambio de nómina
- *Cashback*
- Pago de tarjeta HSBC
- Cobros y pagos con CoDi y QR
- Actualización de datos
- Tarjeta de crédito digital
- Consulta de estatus de compras
- Consulta y descarga de estados de cuenta
- Pago de servicios
- Bloqueo y desbloqueo de tarjetas
- Retiro sin tarjeta

HSBC MÉXICO

Todo desde Tu Mundo Digital. Con la *app* HSBC México podrás administrar todas tus cuentas, consultar tus movimientos en tiempo real, realizar transferencias al instante, consultar tus estados de cuenta y mucho más.

Disfruta de todas las funcionalidades en tu *app* HSBC México.

Fuente: https://www.hsbc.com.mx/digital/app-hsbc-mexico/

INBURSA
Grupo Financiero

Disponible en
Google Play (Android)

Calificación: **3.7**

Tamaño: 95 MB
Compatibilidad
Android 7.1 o posterior
Calificaciones: 54,700

Disponible en
App Store (Apple)

Calificación: **4.5**

Tamaño: 433.4 MB
Compatibilidad iOS
13.3 o posterior
Calificaciones: 16,700

Disponible en
AppGallery (Huawei)

Calificación: **4.6**

Tamaño: 280.7 MB
Compatibilidad sin
información
Calificaciones: 15

Grupo Financiero Inbursa, S.A.B. de C.V.

Última versión: 5.8.246
Fecha: diciembre, 2024

3.9
Calificación ponderada

- Transferencias y pagos
- Administrar pólizas de seguros
- Bloqueo de tarjeta desde tu celular
- Pagos a través de CoDi
- Pagos a través de QR
- Recarga de servicios
- Administrar tarjeta de crédito y débito
- Wallet Inbursa
- Compatibilidad con billeteras digitales Apple Pay y Google Wallet

INBURSA MÓVIL

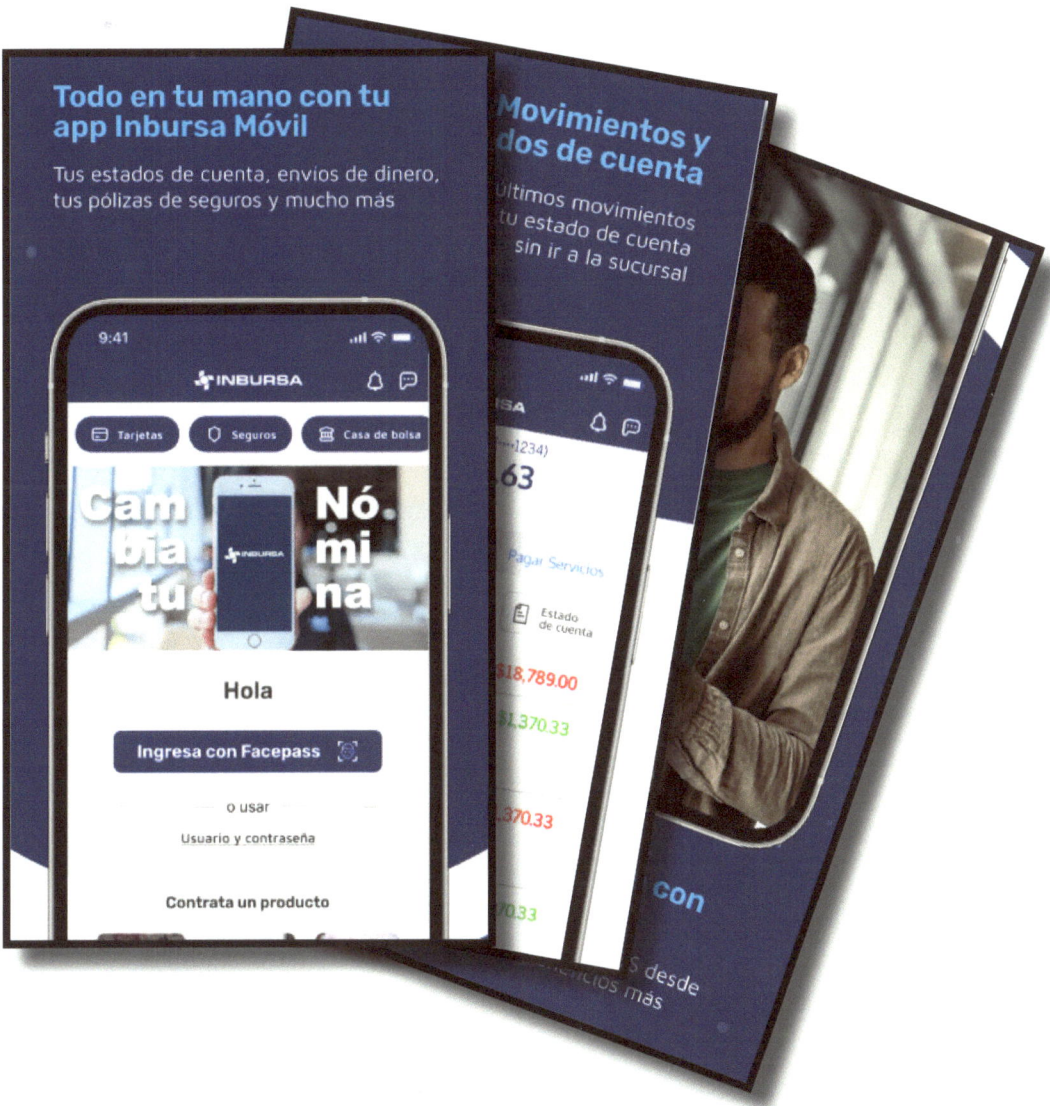

Todo en tu mano con tu app Inbursa Móvil

Tus estados de cuenta, envíos de dinero, tus pólizas de seguros y mucho más

9:41

INBURSA

Tarjetas | Seguros | Casa de bolsa

Cam bia tu | Nó mi na

INBURSA

Hola

Ingresa con Facepass

o usar

Usuario y contraseña

Contrata un producto

Movimientos y dos de cuenta

últimos movimientos tu estado de cuenta sin ir a la sucursal

(....1234)

63

Pagar Servicios

Estado de cuenta

$18,789.00

$1,370.33

$1,370.33

$0.33

con

desde

más

Con la *app* Inbursa Móvil, ¡las filas quedaron atrás! Realiza tus operaciones en minutos desde cualquier lugar. Con Inbursa Móvil, tus seguros, cuentas y tarjetas están al alcance de tu mano.

¿Aún no eres parte de Inbursa? Cambia tu nómina o abre una cuenta desde la *app* sin necesidad de ir a la sucursal o ser cliente. ¡Es fácil y conveniente!

Fuente: https://www.inbursa.com/portal/?page=Document/doc_view_section.asp&id_document=13650&id_category=44

kapital ®

de Banco**Autofin**

Disponible en
Google Play (Android)

Calificación: **2.3**

Tamaño: 99 MB
Compatibilidad
Android 8.0 o posterior
Calificaciones: 2,340

Disponible en
App Store (Apple)

Calificación: **3.9**

Tamaño: 222.5 MB
Compatibilidad iOS
12.0 o posterior
Calificaciones: 839

Disponible en
AppGallery (Huawei)

Calificación: **0**

Tamaño: 99.5 MB
Compatibilidad sin
información
Calificaciones: 0

**Banco Autofin México,
S.A. Institución de Banca
Múltiple**

Última versión: 4.4.16
Fecha: febrero, 2025

2.7

Calificación ponderada

- Consulta saldos y movimientos de cuentas
- Realiza transferencias SPEI
- Realiza inversiones
- Solicita tu crédito
- Pago de servicios
- Pago de tarjetas de crédito de cualquier banco
- Pago de créditos
- Descarga tu estado de cuenta
- Activación de token digital
- Desbloqueo de usuario
- Compra de tiempo aire

KAPITAL BANK MÓVIL

En Banco Autofin México Móvil te ofrecemos una experiencia intuitiva que cubre tus principales necesidades, ya que cuenta con una interfaz amigable y accesible que te permitirá realizar tus operaciones sin la necesidad de acudir a una sucursal.

El banco en tus manos. Actualizamos nuestra Banca Móvil para brindarte siempre la mejor experiencia.

Fuente: https://www.bancoautofin.mx/personas/banca-movil

Klar

Disponible en
Google Play (Android)

Calificación: **4.6**

Tamaño: 49 MB
Compatibilidad
Android 6.0 o posterior
Calificaciones: 166,000

Disponible en
App Store (Apple)

Calificación: **4.4**

Tamaño: 199.3 MB
Compatibilidad iOS
13.0 o posterior
Calificaciones: 13,500

Disponible en
AppGallery (Huawei)

Calificación: **4.0**

Tamaño: 74.4 MB
Compatibilidad sin
información
Calificaciones: 21

Klar Technologies, S.A. de C.V., S. F. P.

Última versión: 1.83.0
Fecha: marzo, 2025

4.6

Calificación ponderada

- 0% comisiones ni anualidades
- Cuenta de ahorro
- Tarjeta de crédito
- Inversiones
- Préstamos personales
- Educación financiera
- *Cashback*

KLAR: CRÉDITO, DEPÓSITO, PAGO

Con la confianza de más de 5 millones de usuarios, Klar te ayuda a tomar el control de tus finanzas personales, ya sea construyendo tu crédito en línea con una tarjeta de crédito asegurada, solicitando un préstamo personal, comenzando tu viaje de inversión o haciendo pagos en línea. Gestiona todo sin comisiones ocultas.

Fuente: https://www.klar.mx/

mercado pago

Disponible en
Google Play (Android)

Calificación: **4.8**

Tamaño: 62 MB
Compatibilidad
Android 6.0 o posterior
Calificaciones:
9,700,000

Disponible en
App Store (Apple)

Calificación: **4.9**

Tamaño: 321.3 MB
Compatibilidad iOS
15.0 o posterior
Calificaciones: 880,400

Disponible en
AppGallery (Huawei)

Calificación: **0**

Tamaño: 66.4 MB
Compatibilidad sin
información
Calificaciones: 0

MP Agregador, S. de R.L. de C.V
MercadoLibre, S.A. de C.V.,
Institución de Fondos de
Pago Electrónico

Última versión: 2.372.1
Fecha: marzo, 2025

4.8

Calificación ponderada

- Cuenta digital
- Línea de crédito
- Tarjeta de crédito Mercado Pago
- Tarjeta de débito Mastercard
- Compras en línea
- Pago de servicios
- Transferencias a cuentas de Mercado Pago y de cualquier banco
- Reciibir dinero del extranjero
- Compra de saldo celular
- Solicitud de seguro
- Adquisión de garantías de productos
- Compra, venta y almacenamiento de criptomonedas
- Soluciones de venta para negocios

MERCADO PAGO: CUENTA DIGITAL

Genera ganancias todos los días a través de Mercado Pago. Recibe las ganancias todos los días y puedes usar tu dinero cuando quieras con tu tarjeta Debit Mastercard.

Solicita la tarjeta de crédito y disfruta hasta 18 meses sin interés en Mercado Libre y muchas tiendas más. Elige Meses sin Tarjeta para pagar tus compras o solicita un préstamo personal para usarlo como quieras. Es 100% *online*, sin burocracia ni papeleo. Pon a rendir tu dinero y úsalo como y cuando quieras.

Fuente: https://www.mercadopago.com.mx/

Mifel

Disponible en
Google Play (Android)

Calificación: **4.2**

Tamaño: 26 MB
Compatibilidad
Android 7.0 o posterior
Calificaciones: 995

Disponible en
App Store (Apple)

Calificación: **4.7**

Tamaño: 60.4 MB
Compatibilidad iOS
13.6 o posterior
Calificaciones: 166

Disponible en
AppGallery (Huawei)
APK

Calificación: No
disponible*
Tamaño: 50.1 MB
Compatibilidad sin
información
Calificaciones: 0

4.3

Calificación ponderada

- Consulta operaciones y compras
- Tarjeta de crédito
- Tarjeta de débito
- Pagar tarjeta de crédito en línea
- Transferencias bancarias SPEI y DiMO
- Pago de servicios
- Inversiones
- Control de presupuesto con límtes de uso
- Descarga de estados de cuenta
- Localización de sucursales

**Banca Mifel, S.A, Institución
de Banca Múltiple, Grupo
Financiero Mifel**

Última versión: 2.0.5
Fecha: marzo, 2025

*Calificación en App Gallery
no disponible, ya que solo está
disponible como APK.

MIFEL

Con la App Mifel, simplifica el tiempo que le dedicas al banco. Realiza tus operaciones y consultas de manera rápida y segura desde donde estés.

¿Aún no tienes tu cuenta? ¡Lo resolvemos desde tu celular! Porque ya no es necesario ir a sucursal. Ábrela sin costo ni comisiones desde la comodidad de tu hogar

¿Ya tienes una cuenta? Descubre todas las posibilidades que te ofrece el banco en una *app*.

Fuente: https://www.mifel.com.mx/personas/experiencia-digital

GRUPO FINANCIERO
MULTIVA

Disponible en
Google Play (Android)

Calificación: **1.8**

Tamaño: 14 MB
Compatibilidad
Android 7.1 o posterior
Calificaciones: 209

Disponible en
App Store (Apple)

Calificación: **1.5**

Tamaño: 39.7 MB
Compatibilidad iOS
13.0 o posterior
Calificaciones: 8

1.8

Calificación ponderada

- Transferencias
- Pagos de servicios
- Pago de tarjeta de crédito
- Transferencias con CoDi
- Consultas de movimientos Pago de impuestos federales*
- Operar instrumentos de inversión*

* Servicio disponible por tipo de dispositivo móvil.

**Banco Multiva, S.A.,
Institución de Banca
Multiple, Grupo Financiero
Multiva**

Última versión: 8.0.5
Fecha: diciembre, 2024

MULTIVA: BANCA DIGITAL MÓVIL

Con Banca Digital Móvil de Banco Multiva, realiza tus operaciones cuando quieras y donde quiera que estés.

Es una *app* gratuita con la cual podrás hacer transacciones, pagos y consultas desde tu celular, de forma fácil y segura.

Fuente: https://www.multiva.com.mx/banca-en-linea

now
invex Banco

Disponible en
Google Play (Android)

Calificación: **3.3**

Tamaño: 73 MB
Compatibilidad
Android 8.0 o posterior
Calificaciones: 2,950

Disponible en
App Store (Apple)

Calificación: **2.3**

Tamaño: 250.3 MB
Compatibilidad iOS
13.0 o posterior
Calificaciones: 325

**Banco INVEX, S.A.,
Institución de Banca
Múltiple, INVEX Grupo
Financiero**

Última versión: 5.1.02
Fecha: febrero, 2025

3.2
Calificación ponderada

- Línea de crédito
- Hasta 48 días para pagar sin intereses
- Monedero de bienvenida
- Cuenta Now remunerada con rendimiento
- Pago de tarjetas de crédito INVEX
- Retiros en OXXO, Soriana, Walmart y más de 100,000 puntos en México
- Pago de servicios
- Compras en línea
- Transferencias SPEI

NOW BANK: CRÉDITO Y AHORRO

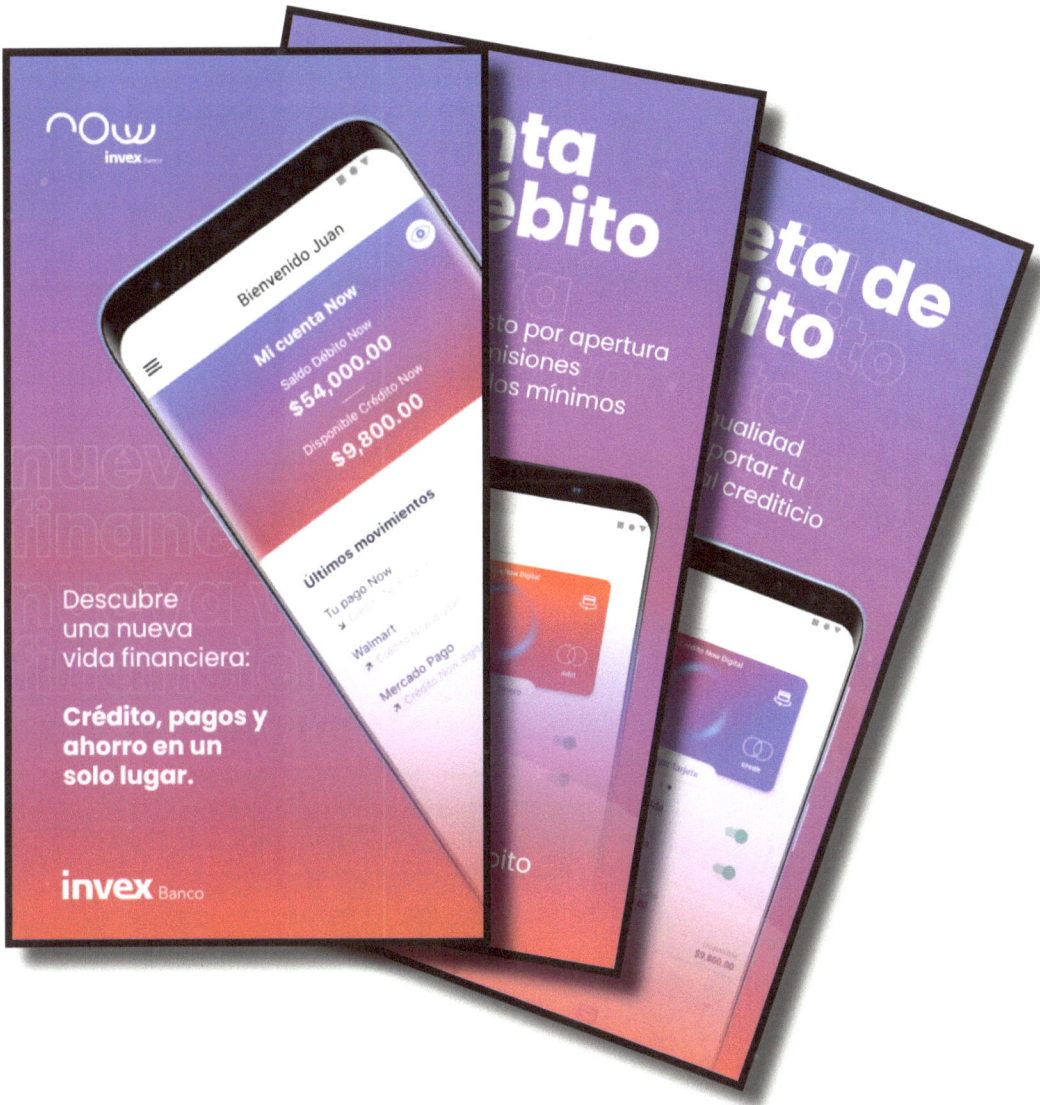

Disfruta los beneficios de Now Bank. Ahora puedes obtener tu Tarjeta de Crédito Now, sin anualidad ni costos ocultos, con acceso a meses sin intereses en miles de comercios y beneficios exclusivos de Mastercard, sin importar tu historial crediticio.

Si prefieres una cuenta 100% digital, abre tu Cuenta de Débito Now, respaldada por el IPAB (hasta 400,000 UDIs o aproximadamente $3,300,000 MXN). Obtén tu Tarjeta Digital al instante para compras en línea y recibe tu Tarjeta Física sin costo de envío.

Fuente: https://www.now.bank/

nu

Disponible en
Google Play (Android)

Calificación: **4.3**

Tamaño: 76 MB
Compatibilidad
Android varía según el
dispositivo
Calificaciones: 217

Disponible en
App Store (Apple)

Calificación: **4.4**

Tamaño: 257.6 MB
Compatibilidad iOS
12.0 o posterior
Calificaciones: 21,400

Disponible en
AppGallery (Huawei)

Calificación: **0**

Tamaño: 109.2 MB
Compatibilidad sin
información
Calificaciones: 0

Nu México Financiera S.A. de C.V., S.F P.

Última versión: 7.11.11
Fecha: febrero, 2025

4.3

Calificación ponderada

- Cajitas Nu para crecer tus ahorros y separar dinero en apartados.
- Tarjeta de crédito y débito Mastercard
- Recibir o realizar transferencias con CLABE o número celular, a través de Dimo.
- Recibir dinero desde Estados Unidos, a través de Félix Pago.
- Ubicación de cajeros y tiendas de autoservicio para retirar efectivo.
- Notificaciones de movimientos.
- Bloqueo y desbloquo de tarjetas en la *app*.
- Creación de múltiples tarjetas digitales de crédito o débito para hacer pagos digitales y compras en línea seguras.

NU: CRÉDITO Y CUENTA DE AHORRO

Tus finanzas merecen una nueva era

Tarjeta de crédito
sin anualidad ni cargos
por uso mínimo

...a de crédito
...a pagar a tu
...mo

Nu crece tus
...s sin saldo
...ínimo

...disponible 24/7.

Tus finanzas personales sin condiciones absurdas: Tarjeta de crédito sin anualidad ni mínimo de compras y con Cuenta Nu tu dinero crece sin saldo mínimo y está disponible 24/7.

Fuente: https://nu.com.mx/

Openbank

Disponible en
Google Play (Android)

Calificación: **2.2**

Tamaño: 53 MB
Compatibilidad
Android 8.0 o posterior
Calificaciones: 346

Disponible en
App Store (Apple)

Calificación: **3.6**

Tamaño: 352.1 MB
Compatibilidad iOS
14.0 o posterior
Calificaciones: 152

**Openbank México, S.A.,
Institución de Banca
Múltiple, Grupo Financiero
Santander México**

Última versión: 2.2.1
Fecha: febrero, 2025

2.6

Calificación ponderada

- Cuentas de débito
- Tarjetas de crédito
- Bloqueo de tarjetas
- Consulta de datos y movimientos
- Límites de retiro en cajeros y gastos diarios en tarjeta de débito
- Selección personalizada de tarjeta
- Modificación de datos personales
- Pago de servicios

OPENBANK - BANCA MÓVIL

Con la *app* de banca móvil Openbank gestiona de manera sencilla, intuitiva y segura tus cuentas bancarias.

- 100% banco, 100% digital
- Somos parte del Grupo Financiero Santander México
- Sin filas ni sucursales
- Abierto 24/7 todo el año

Fuente: https://www.openbank.mx/descarga-app

PLATA

Disponible en
Google Play (Android)

Calificación: **4.8**

Tamaño: 36 MB
Compatibilidad
Android 8.0 o posterior
Calificaciones: 118,000

Disponible en
App Store (Apple)

Calificación: **4.9**

Tamaño: 258.4 MB
Compatibilidad iOS
16.0 o posterior
Calificaciones: 82,600

Disponible en
AppGallery (Huawei)

HUAWEI

Calificación: **4.4**

Tamaño: 146.7 MB
Compatibilidad sin
información
Calificaciones: 45

**Tecnologías Diffiere, S.A.P.I
de C.V.**

Última versión: 1.46.1
Fecha: febrero, 2025

4.8

Calificación ponderada

- Tarjeta de crédito con entrega personalizada
- Tarjeta digital
- *Cashback*
- Meses sin intereses
- Programa de referidos
- Inversiones
- Pago de tarjeta
- Pago de servicios
- Transferencias

PLATA CARD

Plata tiene la mejor *app* financiera para su tarjeta de crédito. Una tarjeta pensada en los consumidores del hoy, que ofrece entrega personalizada el mismo día, hasta 2 meses para realizar el pago, una tarjeta digital para que hagas compras en línea más seguras y *cashback* que se paga en dinero real. Plata es la solución para hacer una mejor relación con tus finanzas.

Fuente: https://platacard.mx/es/

RappiCard

Disponible en
Google Play (Android)

Calificación: No
disponible*

Tamaño: 315 MB
Compatibilidad
Android 7.0 o posterior

Disponible en
App Store (Apple)

Calificación: No
disponible*

Tamaño: 0 MB
Compatibilidad iOS
12.0 o posterior

Disponible en
AppGallery (Huawei)

Calificación: No
disponible*

Tamaño: 99.9 MB

**Calificación ponderada
no disponible**

- Tarjeta de crédito sin anualidad
- Hasta 5% *cashback* en compras
- Plazos para diferir compras
- Meses sin intereses en cientos de comercios
- Sin pago de anualidad
- Asesor personal las 24 horas

RappiPay México, S.A. de C.V., Institución de Fondos de Pago Electrónico

Última versión: 8.2
Fecha: marzo, 2025

*Calificaciones no disponibles, ya que no cuenta con una *app* financiera independiente en las tiendas de aplicaciones.

RAPPI CARD

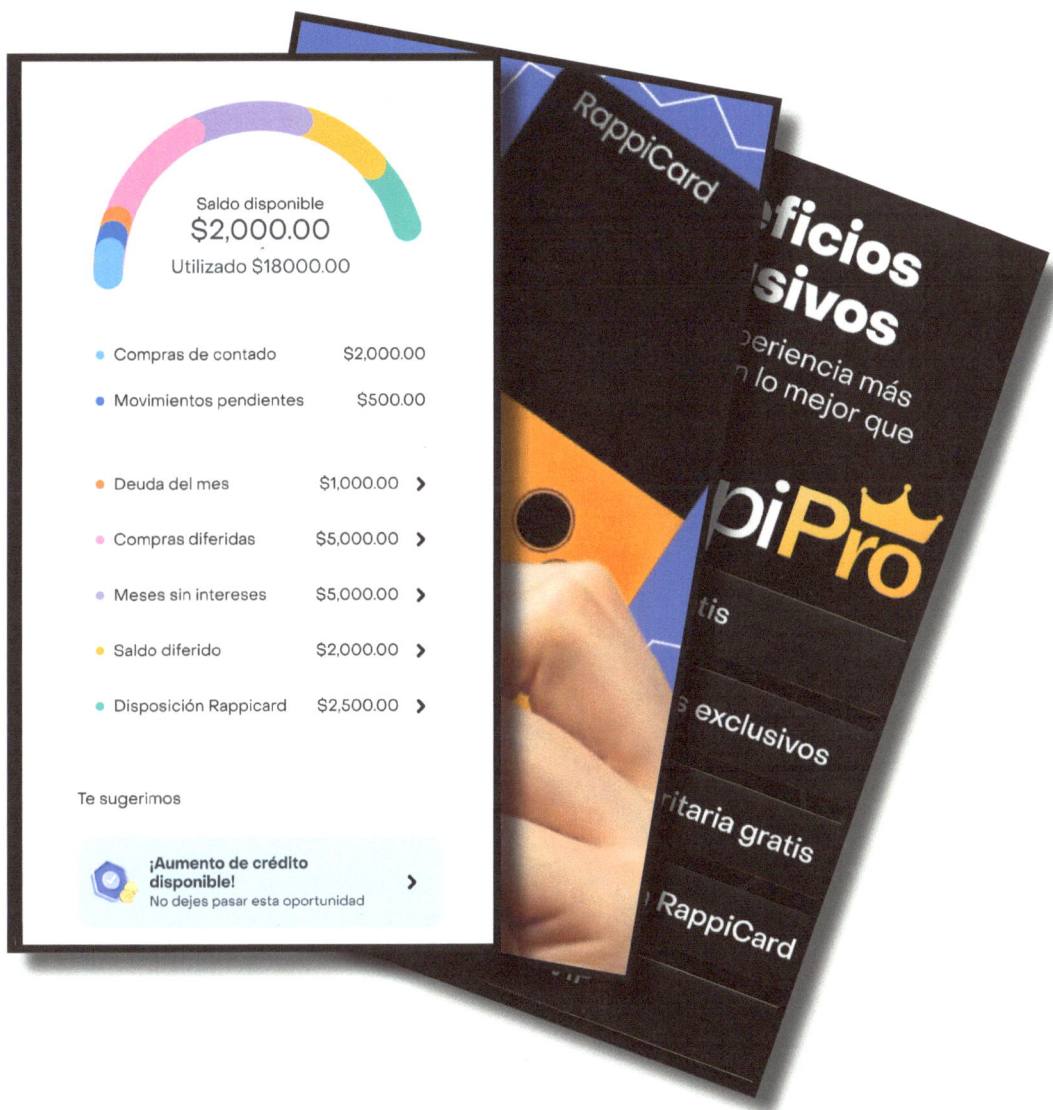

Saldo disponible
$2,000.00
Utilizado $18000.00

- Compras de contado $2,000.00
- Movimientos pendientes $500.00

- Deuda del mes $1,000.00 >
- Compras diferidas $5,000.00 >
- Meses sin intereses $5,000.00 >
- Saldo diferido $2,000.00 >
- Disposición Rappicard $2,500.00 >

Te sugerimos

¡Aumento de crédito disponible!
No dejes pasar esta oportunidad >

Rappi Card, una tarjeta de crédito sin anualidad.
Una tarjeta que pasa siempre y en todo el mundo.

Fuente: https://rappicard.mx/

Santander

Disponible en
Google Play (Android)

Calificación: **4.3**

Tamaño: 130 MB
Compatibilidad
Android 7.0 o posterior
Calificaciones:
1,040,000

Disponible en
App Store (Apple)

Calificación: **4.7**

Tamaño: 614.6 MB
Compatibilidad iOS
13.0 o posterior
Calificaciones:
1,000,000

Disponible en
AppGallery (Huawei)

Calificación: **0**

Tamaño: 104.7 MB
Compatibilidad
sin información
Calificaciones: 0

**Banco Santander México
S.A., Institución de Banca
Múltiple, Grupo Financiero
Santander México**

Última versión: 8.3
Fecha: marzo, 2025

4.5

Calificación ponderada

- Manejo de cuentas de débito
- Manejo de tarjetas de crédito
- Solicitud de tarjeta de crédito
- Realizar pagos
- Transferencias
- Descargar estados de cuenta
- Administrar saldo
- Solicitud de aclaraciones
- Retiro sin tarjeta
- Solicitud de aclaraciones
- Compra de tiendo aire
- Apartados de dinero
- Inversión digital
- Solicitud de cambio de nómina
- Domiciliación de servicios
- Pagos con CoDi y Dimo

SANTANDER SUPERMÓVIL

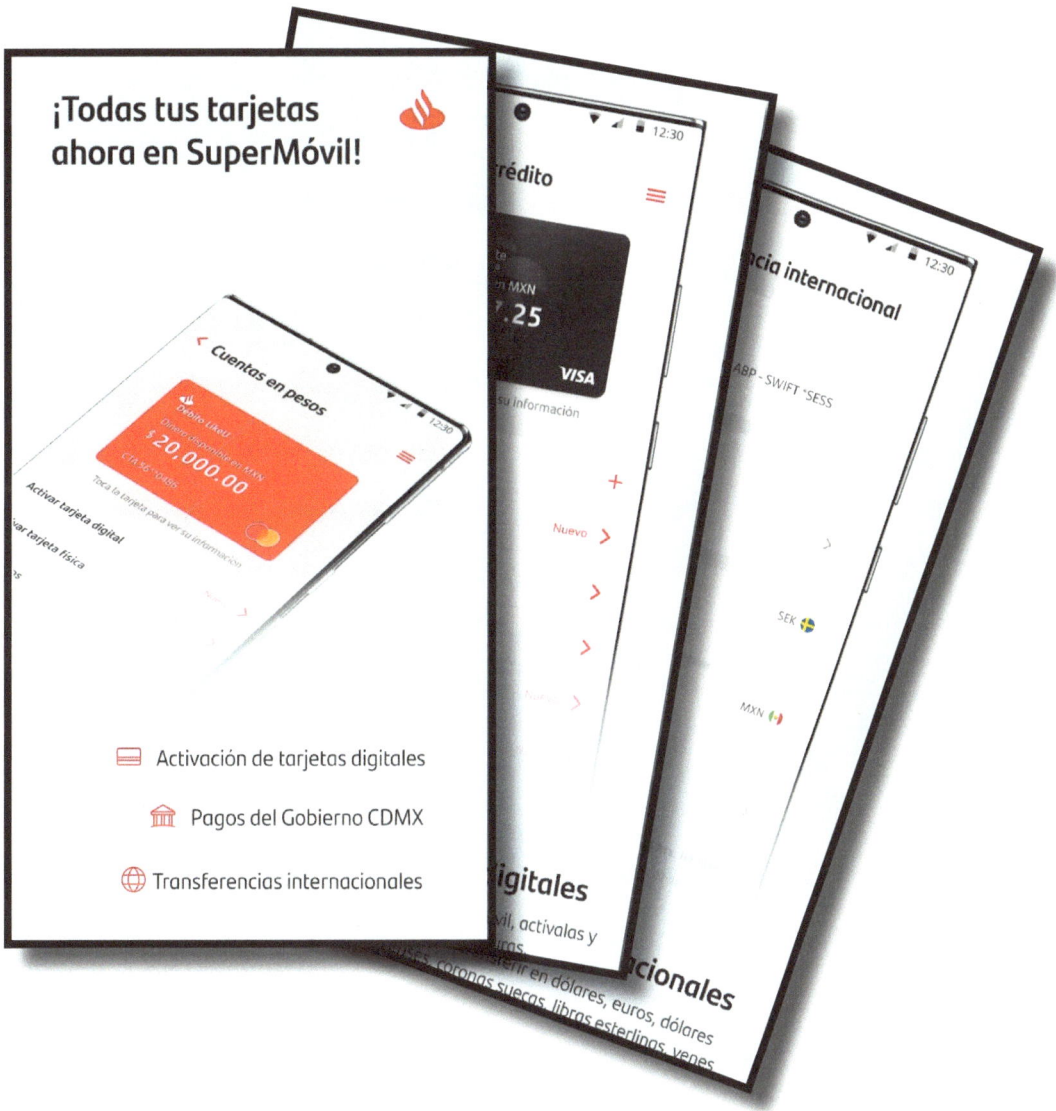

Con SuperMóvil lleva tu dinero y tus finanzas de manera segura, en tu celular. Realiza pagos, transferencias, descarga los estados de cuenta de tus tarjetas, administra tu saldo y revisa los movimientos de tus cuentas, solicita aclaraciones de cargos y mucho más. La banca digital de Santander se está renovando.

Santander México ofrece el servicio de Banca Digital a través de dispositivos móviles a sus clientes, Personas Físicas o Personas Físicas con Actividad Empresarial.

Fuente: https://www.santander.com.mx/personas/santander-digital/supermovil.html

Scotiabank®

Disponible en
Google Play (Android)

Calificación: **4.7**

Tamaño: 37 MB
Compatibilidad
Android 10.0 o
posterior
Calificaciones: 45,200

Disponible en
App Store (Apple)

Calificación: **4.4**

Tamaño: 273.3 MB
Compatibilidad iOS
13.0 o posterior
Calificaciones: 23,400

Disponible en
AppGallery (Huawei)

Calificación: **4.8**

Tamaño: 64.6 MB
Compatibilidad sin
información
Calificaciones: 293

4.6

Calificación ponderada

- Consulta de saldos
- Descarga de estados de cuenta
- Transferencias sin costo
- Pago de tus tarjetas
- Retiro de efectivo sin tarjeta
- Solicitud tarjeta de crédito
- Pago de servicios
- Pagos y cobros con CoDi
- Solicitud de cambio de nómina

**Scotiabank Inverlat, S.A.,
Institución de Banca
Múltiple,
Grupo Financiero
Scotiabank Inverlat.**

Última versión: 8.7.01
Fecha: marzo, 2025

SCOTIAMÓVIL MX

Scotiabank®

Abre tu cuenta en corto

...ere al instante
...as ni comisión

...Fernando Hernández
CLABE Scotiabank *4765

...ra Martínez
*8942

...cuentas
...n ScotiaMóvil

...bank®

Cuenta Básica
*1234

Scotia Travel Oro
*1234

...ompras
...ico

...tu compra en línea.

Ver más ›

Paulina, ¡disfruta tu cuenta!

Haz tu primer depósito y simplifica
tu vida financiera

Expira en:

01:25

ScotiaMóvil MX® es la aplicación móvil de Scotia-bank México para que administres tus finanzas. Para registrarte, necesitas tener una cuenta de débito activa.

ScotiaMóvil va contigo a todas partes. Échate el banco a la bolsa. Transfiere, retira sin tarjeta, paga tus servicios y compra seguro.

Fuente: https://www.scotiabank.com.mx/servicios-bancarios/scotiamovil.aspx

spin
by OXXO

Disponible en
Google Play (Android)

Calificación: **4.3**

Tamaño: 119 MB
Compatibilidad
Android 8.0 o posterior
Calificaciones: 124,000

Disponible en
App Store (Apple)

Calificación: **3.7**

Tamaño: 178.3 MB
Compatibilidad iOS
12.4 o posterior
Calificaciones: 10,000

Disponible en
AppGallery (Huawei)

Calificación: **2.1**

Tamaño: 155.3 MB
Compatibilidad sin
información
Calificaciones: 46

COMPROPAGO S.A. DE C.V., IFPE.

Última versión: 16.9.17
Fecha: marzo, 2025

4.3
Calificación ponderada

- Tarjeta de débito VISA
- Transferencias
- Recibir dinero
- Deposito a cuenta digital
- Paga servicios
- Acumula puntos Spin Premia
- Recargas de tiempo aire
- Compra de tarjetas de regalo
- Recordatorios de pagos

SPIN BY OXXO

Crear tu cuenta digital Spin by OXXO es tan fácil como suena. ¡Descarga la aplicación para obtener los mejores beneficios!

Maneja tus finanzas sin dolores de cabeza. Dale un giro a la relación con tus finanzas.

Fuente: https://spinbyoxxo. com.mx/

stori

Disponible en
Google Play (Android)

Calificación: **4.8**

Tamaño: 111 MB
Compatibilidad
Android 6.0 o posterior
Calificaciones: 365,000

Disponible en
App Store (Apple)

Calificación: **4.8**

Tamaño: 441 MB
Compatibilidad iOS
13.0 o posterior
Calificaciones: 165,700

Disponible en
AppGallery (Huawei)

Calificación: **0**

Tamaño: 105.8 MB
Compatibilidad sin
información
Calificaciones: 0

Stori México, S.A. de C.V., S. F. P.

Última versión: 1.11.01
Fecha: marzo, 2025

4.8

Calificación ponderada

- Tarjeta de crédito Stori
- Tarjeta de crédito Stori Black
- Cuenta de depósitos Stori Cuenta+
- Inversiones a plazos fijos Stori
- *Cashback* en compras con Stori Black
- Compras en línea
- Recargas de tiempo aire
- Atención personalizada

STORI - CRÉDITO Y AHORRO

Es momento de ganar con **stori**

- ✓ **$0** de anualidad
- ✓ **3%** de cashback
- ✓ Hasta **13.50%** de ganancia en ahorro

Únete a los
10 millones de mexicanos
que han descargado Stori

tarjeta de crédito
de aprobación

nualidad
ial crediticio

Stori: tarjetas de crédito sin anualidad y cuenta digital con rendimientos e inversión para tu ahorro. Obtén la Stori ideal para tu tranquilidad financiera.

Tarjeta de crédito con 99% de aprobación sin anualidad. Stori Cuenta+: hasta 13% de ganancia anual. Stori Black: 1% de cashback en todas tus compras.

Con Stori, obtén tu tarjeta de crédito y una cuenta digital con rendimientos para tu ahorro en una misma app, solo ten tu INE vigente a la mano

Fuente: https://www.storicard.com/

ualá

Disponible en
Google Play (Android)

Calificación: **4.6**

Tamaño: 64 MB
Compatibilidad
Android 5.0 o posterior
Calificaciones: 530,000

Disponible en
App Store (Apple)

Calificación: **4.1**

Tamaño: 210.3MB
Compatibilidad iOS
15.0 o posterior
Calificaciones: 8,200

Disponible en
AppGallery (Huawei)

Calificación: **0**

Tamaño: 56.9 MB
Compatibilidad sin
información
Calificaciones: 0

**Ualá, S.A., Institución de
Banca Múltiple**

Última versión: 1.11.01
Fecha: marzo, 2025

4.6

Calificación ponderada

- Tarjeta de crédito
- Cuenta de débito con rendimientos
- Tarjeta de débito
- Préstamos rápidos
- Solicitud de cambio de nómina
- Depósitos de dinero
- Pago de servicios
- Bloqueo de tarjeta
- Solicitud de tarjeta física

UALÁ

La *app* que te ofrece rendimientos diarios por el dinero que tengas en tu cuenta.

Con Ualá tienes toda la seguridad de un banco y tu dinero está protegido por el IPAB hasta por 3 millones de pesos.

Fuente: https://www.uala.mx/

REFERENCIAS

Aurum Informática (25 Abril 2023), *¿Por qué es importante actualizar el* software? https://www.aurum-informatica.es/blog/por-que-es-importante-actualizar-el-software

Banco Mundial, CGAP, & IFC. (2024). *Expandiendo la inclusión financiera de las mujeres en México: Lineamientos para la adopción de una perspectiva de género en las instituciones del sector financiero.* Recuperado 3 de abril de 2025, de https://documents1.worldbank.org/curated/en/099101024093083111/pdf/P502307-01333a72-7007-427a-b5ab-91800f233f69.pdf

Comisión Nacional Bancaria de Valores (CNBV) & Instituto Nacional de Geografía y Estadística (INEGI). (2025). *Encuesta Nacional de Inclusión Financiera (ENIF) 2024.* https://www.cnbv.gob.mx/Inclusión/Anexos%20Inclusin%20Financiera/Reporte_ENIF2024.pdf

Comisión Nacional Bancaria y de Valores (CNBV). (s. f.). *La banca múltiple en el sistema bancario mexicano.* En gob.mx. Recuperado 4 de abril de 2025, de https://www.gob.mx/cms/uploads/attachment/file/70434/PDF__2___2_.pdf

Comisión Nacional Bancaria y de Valores (CNBV). (s. f.-b). *Sector de ahorro y crédito popular.* gob.mx. Recuperado 4 de abril de 2025, de https://www.gob.mx/cnbv/acciones-y-programas/sector-de-ahorro-y-credito-popular-48143

Comisión Nacional Bancaria y de Valores (CNBV). (s. f.-c). *Sector Uniones de crédito.* gob.mx. Recuperado 4 de abril de 2025, de https://www.gob.mx/cnbv/acciones-y-programas/sector-uniones-de-credito#:~:text=Las%20Uniones%20de%20Cr%C3%A-9dito%20

Comisión Nacional Bancaria y de Valores (CNBV). (s. f.-c). *Sofomes.* Recuperado 4 de abril de 2025, de https://www.cnbv.gob.mx/SECTORES-SUPER-VISADOS/OTROS-SUPERVISADOS/Descripci%-C3%B3n-del-Sector/Paginas/SOFOMES-Regula-das.aspx

Comisión Nacional Bancaria y de Valores (CNBV). (s. f.-d). *Sociedades Cooperativas de Ahorro y Préstamo (SOCAP).* gob.mx. Recuperado 4 de abril de 2025, de https://www.gob.mx/cnbv/acciones-y-progra-mas/sociedades-cooperativas-de-ahorro-y-pres-tamo-socap

Deloitte. (2024, 20 noviembre). *Digital Banking Maturity 2024.* https://www.deloitte.com/ce/en/industries/financial-services/research/digital-banking-matu-rity-2024.html

Instituto Nacional de Transparencia, Acceso a la Infor-mación y Protección de Datos Personales (INAI). (2021). *Recomendaciones para el tratamiento de datos personales y cumplir con el deber de seguri-dad para las Instituciones de Tecnología Financiera (ITF).* Recuperado 4 de abril de 2025, de https://home.inai.org.mx/wp-content/uploads/Trata-mientoDP_FINTECH.pdf

Tenet Consultores S.C.
BLVD. ADOLFO LÓPEZ MATEOS 274 PISO 1,
COLONIA ALTAVISTA, ÁLVARO OBREGÓN,
C.P. 01060, CDMX, MÉXICO
tenet.com.mx
+52 55 2978 9198
@tenetconsultores

Tenet Insights LLC
447 BROADWAY 2ND LF 2745
NEW YORK, NY 10013-2562-028
tenetinsights.com
contacto@tenetinsights.com
@tenetinsights

www.ingramcontent.com/pod-product-compliance
Lightning Source LLC
Chambersburg PA
CBHW050917210326
41597CB00003B/126